築苑 008

芙蓉遗珍
——江阴市重点文物保护单位巡礼

张志强 主编

中国建材工业出版社

图书在版编目（CIP）数据

芙蓉遗珍：江阴市重点文物保护单位巡礼 / 张志强主编 . —北京：中国建材工业出版社，2018.10
（筑苑）
ISBN 978-7-5160-2345-7

Ⅰ. ①芙… Ⅱ. ①张… Ⅲ. ①名胜古迹—介绍—江阴 ②文化遗址—介绍—江阴 Ⅳ. ① K928.705.33 ② K878

中国版本图书馆 CIP 数据核字（2018）第 174139 号

芙蓉遗珍——江阴市重点文物保护单位巡礼
张志强　主编

出版发行：	中国建材工业出版社
地　　址：	北京市海淀区三里河路 1 号
邮政编码：	100044
经　　销：	全国各地新华书店
印　　刷：	北京中科印刷有限公司
开　　本：	710mm×1000mm　1/16
印　　张：	8.5
字　　数：	160 千字
版　　次：	2018 年 10 月第 1 版
印　　次：	2018 年 10 月第 1 次
定　　价：	56.00 元

本社网址：www.jccbs.com，微信公众号：zgjcgycbs
请选用正版图书，采购、销售盗版图书属违法行为
版权专有，盗版必究。本社法律顾问：北京天驰君泰律师事务所，张杰律师
举报信箱：**zhangjie@tiantailaw.com**　举报电话：（010）68343948
本书如有印装质量问题，由我社市场营销部负责调换，联系电话：（010）88386906

以心作苑 天人筑闲

筑苑丛书雅存 丁酉端午

孟兆桢

孟兆桢先生题字
中国工程院院士、北京林业大学教授

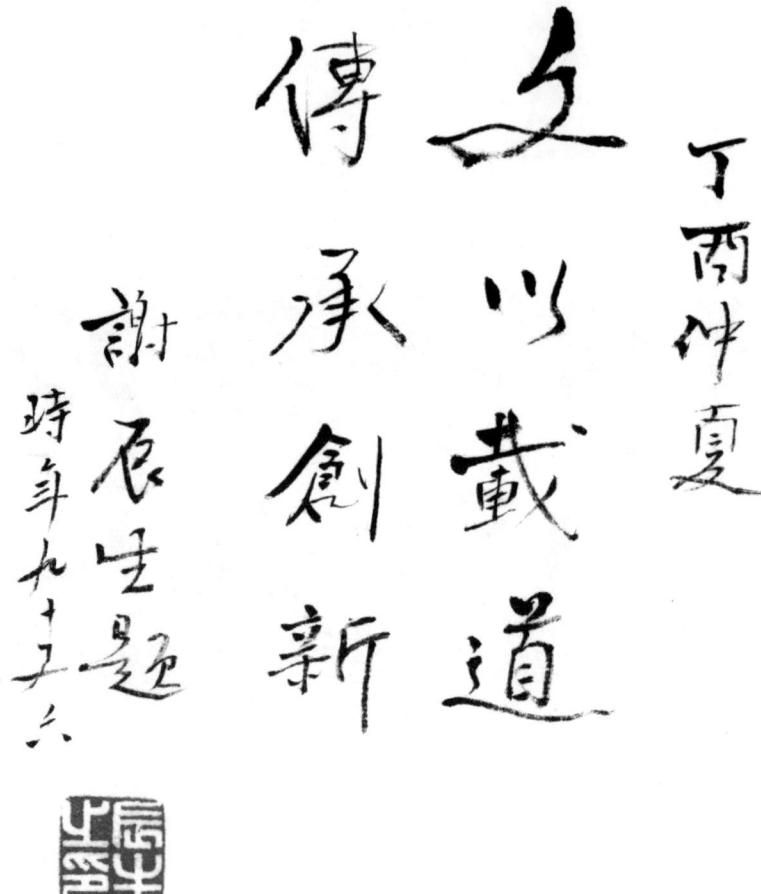

谢辰生先生题字
国家文物局顾问

筑苑·芙蓉遗珍

主办单位

中国建材工业出版社
中国民族建筑研究会民居建筑专业委员会
扬州意匠轩园林古建筑营造股份有限公司

顾问总编

孟兆祯　陆元鼎　刘叙杰

编委会主任

陆　琦

编委会副主任

梁宝富　佟令玫

编委（按姓氏笔画排序）

马扎·索南周扎	王乃海	王吉骞	王向荣	王　军	王劲韬	王罗进
王　路	龙　彬	卢永忠	朱宇晖	刘庭风	刘　斌	关瑞明	苏　锰
李　卫	李寿仁	李　浈	李晓峰	杨大禹	吴世雄	宋桂杰	张玉坤
陆　琦	陈　薇	范霄鹏	罗德胤	周立军	荀　建	姚　慧	秦建明
袁思聪	徐怡芳	唐孝祥	曹　华	崔文军	商自福	梁宝富	陆文祥
端木岐	戴志坚						

本卷编者

张志强

策划编辑

孙　炎　章　曲　李春荣

本卷责任编辑

章　曲

版式设计

汇彩设计

投稿邮箱：zhangqu@jccbs.com.cn
联系电话：010-88376510
传真：010-68343948

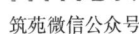

筑苑微信公众号

中国建材工业出版社
《筑苑》理事单位

副理事长单位
扬州意匠轩园林古建筑营造股份有限公司
广州市园林建筑工程公司
常熟古建园林股份有限公司
杭州市园林绿化股份有限公司
青海明轮藏建建筑设计有限公司
武汉农尚环境股份有限公司
山西华夏营造建筑有限公司

常务理事单位
宁波市园林工程有限公司
汇绿生态科技集团股份有限公司
湖州中恒园林建设有限公司
江苏省华建建设股份有限公司
江阴市建筑新技术工程有限公司
江西省金庐园林工程有限责任公司
中国园林博物馆
陕西省文化遗产研究院
浙江天姿园林建设有限公司

前　言

江阴，自汉代开始被称作暨阳，别称澄江、澄川，又因城池形似芙蓉湖畔盛开的芙蓉花，所以又有"芙蓉城"的美称，位于长江三角洲苏南板块，东连张家港、常熟，南与无锡相连，西邻常州，北滨长江，与靖江相望，素有"江尾海头""澄江福地""延陵古邑""春申旧封"之称，2001年被命名为江苏省历史文化名城。在漫长的历史长河中，无数文物遗址承载着江阴的光辉岁月。

说起江阴，最为世人所熟知的便是"旷世游圣"徐霞客，但特有的文化宝藏却不止此一处。距今7000年左右的马家浜文化时期一处重要的大型聚落遗存——祁头山遗址，就坐落在江阴市城东新区夏家村，祁头山文化是在青莲岗文化、湖熟文化以后，第三次以遗址所在地来命名的江苏古文化遗存。同时，江阴有着5000年文明史、3800年筑城史，而这悠久的筑城史，就始于佘城遗址，佘城遗址的发现佐证了吴文化的发源地在江阴。

唐宋年间江阴已有"三吴襟带之邦、百越舟车之会"的繁荣，而后的建筑更是精美无比。儒家思想以其开放兼容的理念成为历代统治者的信条，儒学推动了国家文明与文化的发展进步，孔子被推崇为至善至圣之人。而江阴就有着始建于北宋景佑三年，后历经元、明、清、民国初期以及20世纪90年代先后共五十多次扩修的文庙，又称为孔庙。与此同时，江阴还有一座建于北宋、距今一千一百余年、历经战火、几经兴废的兴国塔，以及奇特的心经碑。

到了明、清时期，江阴青阳镇的集镇夹锡澄运河为市，南来北往的商贾客船在此停泊休息、补充给养和交流，从而使得南北新桥繁华无比。明清之后，由于社会变革，有着"江海门户""锁航要塞"之称、且为兵家必争之地的江阴，在黄山附近架起了炮台。

近现代史上，江阴更是人才辈出，有并称"刘氏三杰"的"五四"新文化运动主将刘半农、中国现代民族音乐奠基人刘天华、民族音乐大师刘北茂三兄弟，有中国橡胶工业先驱薛福基先生等。历史是城市的底蕴，文化是城市的灵魂，而文物则是历史文化的遗存，具有重要的历史、艺术和科学价值。《古邑江阴》《江阴文物胜迹》《历史上的江阴》等书很好地梳理了江阴的文化、历史脉络。江阴现有全国重点文物保护单位7处，江苏省重点文物保护单位7处，笔者尝试从建筑和人文的角度去解读这些文物，从多角度、多侧面向广大读者阐释历史文物的丰富内涵，展现华夏民族博大精深的文明成就。

建筑物是人类文明存在的一个显著标志，从原始社会的洞穴，到封建社会寺庙宫殿及普通民居，再到现代社会的高楼大厦乃至摩天大楼，无不标志着人类社会的发展。对于古建筑来说更是对历史某个时代社会风貌的展现或某个地方特色的反映，标志着当时社会科技发展与施工技艺的水平，以及当时人们的艺术创作和认识水平。古建筑是历史留给我们的不可再生的宝贵资源，它是先辈们智慧的结晶，是一种文化的象征；古建筑是承载过去、现在和未来的载体，优秀的古建筑更是一个国家乃至一个民族引以为豪的标识物，它能够增进民族的归属感和认同感，增进民族自信心。

在本书的撰写过程中，得到了江阴市文广新局、江阴市文物保护办公室、江阴市文联、江阴市园林旅游局、各文物保护单位的大力支持，江阴市摄影家协会主席顾强提供了部分照片，在此一并致谢！

编　者

2018年7月

目 录

01 走入江阴最早的聚落　　　　　　　1

02 吴文化发源地的历史鉴证　　　　　8

03 江阴奇碑　　　　　　　　　　　14

04 至圣之所　　　　　　　　　　　19

05 悠悠古塔史千秋　　　　　　　　30

06 见证忠义之邦　　　　　　　　　39

07 被遗忘的人文情怀　　　　　　　44

08 仰圣之思　　　　　　　　　　　52

09 锁航要塞　江上雄关　　　　　　62

10 江阴名园　　　　　　　　　　　69

11 刘氏兄弟故居　　　　　　　　　78

12 中西合璧的建筑缩影　　　　　　85

13 橡胶大王和他的职业教育梦　　　102

14 江阴蚕种场　　　　　　　　　　108

01 走入江阴最早的聚落
——祁头山遗址

袁高慧　王彦匀

树有根，水有源，万物如此人亦然。从整个江阴境内来说，祁头山遗址是目前考古已知的具有人类文明存在的最早聚集部落，而祁头山人则是江阴最早的居民。祁头山文化是一种史前文化遗存，它的发现和发掘，将江阴乃至江南地区的人文历史推进到了7000年前的新石器时代早期。

2000年8月15日，在新长铁路江阴段建设取土时发现了祁头山遗址。由南京博物院、无锡市博物馆、江阴市博物馆组成江苏省联合考古队对遗址进行考古钻探调查。2000年9月21日至2001年1月底，江苏省联合考古队对祁头山遗址进行第一次考古发掘（图1）。通过发掘发现，遗址与

图1　祁头山遗址挖掘现场

马家浜文化属同一时代，距今约有7000年历史。该遗址于2000年入选中国十大考古新发现40处候选名单之列。

2002年，祁头山遗址被国务院核定为第五批全国重点文物保护单位。

1. 祁头山遗址的地理位置

祁头山遗址位于江阴市东外环路与芙蓉大道交汇处，澄江街道东郊绮山村南（图2）。

图2 祁头山遗址位置

祁头山地处太湖之北、长江南岸，北距长江5公里，地理位置极为优越，周围广泛分布着大小不一的各时代遗址：东距张家港东山村马家浜文化遗址约7公里；东南距周庄龙爪墩崧泽文化遗址约9公里，距离无锡彭祖墩马家浜文化遗址约30公里；南距商周佘城遗址约6公里；西南距青阳南楼崧泽文化遗址约15公里；西距璜土石庄高城墩良渚文化墓地约30公里。祁头山遗址的发掘，贯穿了江阴地区先秦时期文化的传承。

2. 祁头山遗址的基本情况

祁头山遗址为距今7000年前马家浜文化时期的遗存，总面积约10万平方米，该地是一处高出地面约5米的台地。据钻探调查，可以初步确定遗址北部为墓葬区，南部为居住区。文化层堆积厚度在3米以上，最厚处达3.8米。可分为14层，耕土以下为马家浜文化时期的文化层，在墓葬区630平方米的发掘区域内，发现红烧土块铺垫层，出土彩陶小罐、石锛、石斧等器物，据初步推测，应与房屋有关，可能是建筑遗迹，由于被上层众多迭压的墓葬打破，已无法辨别其结构和形状，仅在部分残存的居址中发现火塘遗迹10余处。火塘均采用平地挖浅坑的方法，并留有火塘口，其平面近圆形，直径20～30厘米，深10～15厘米。火塘周围因长期火烤已烧结成黄褐色硬块，塘内保留有大量草木灰烬，并出有釜和支座的残片。草木灰烬后经淘洗，又筛选出碳化稻粒和较多的动物骨骼。

137座墓葬均位于遗址西北区，该区墓葬层次堆积多达8层，各层次和同层次间的叠压打破关系异常复杂，最多一组打破关系的墓葬达10座。随葬器物较少，一般一两件，多者五六件，少数墓葬无随葬品，多采用实用器物随葬，基本器物组合为釜和钵。钵大多放置于死者头部下，仅137号墓一钵盖于死者面部上。釜则大多砸碎后置于死者身上或身侧。墓葬中出土的随葬品极具特色，陶器盛行平底、圈足器，亦有少量三足器，器类有钵、豆、罐、支座、纺轮等（图3）。

发掘的132座马家浜文化时期的墓葬均位于遗址西北区，该区墓葬层次堆积多达8层，自2层下至9层文化层都有墓葬分布。各墓穴均呈长方形，方向都为东西向，墓主头东脚西，取仰肢俯身葬，头枕于钵或豆盘上。由于墓葬层次上下叠，打破关系异常复杂，如墓葬图4所示。

图3|图4
图3　祁头山出土正在修复的陶器
图4　祁头山墓葬分布图

3. 祁头山遗址的特点

祁头山遗址虽属马家浜文化遗存，自身特点却很突出。例如所出土的腰檐陶釜之多，大大超过其他马家浜遗址。以往在江苏境内所见的釜，底部皆不能复原。浙江桐乡罗家角等地出土的已知为圜底，而祁头山出的则为大小不一的平底。其具体情况是：凡器形矮而胖的为小平底；器形似高筒状而腰檐上又加四个外撇叶状装饰的，则为大平底。如将罗家角、吴县草鞋山、东山村和祁头山的腰檐釜放在一起进行比较，可见到体形从矮胖到瘦高、底部由圜底经小平底至大平底的演化过程，其中带外撇四叶的高筒形大平底釜最晚，大概已到马家浜文化末期。

图5　祁头山出土的红白彩陶

另一个特点是有兼施红、白二色的彩陶。在马家浜文化遗存中，过去在江阴东南方向的吴县草鞋山、常州圩墩等地出土过只施红、黑、紫的单色彩陶，而祁头山则除了只在器口、底足施条带状红彩的单彩彩陶以外，还有通体施红、白彩的豆形碗和圜底罐（图5）。祁头山的复色彩陶当然也有一些大溪彩陶的风格，但如果从分布的空间位置来考虑，则可以认定这种彩陶的出现，只能表明同宁镇地区的北阴阳营文化及其以北的大江口文化存在着联系。

4. 祁头山遗址的文化联系

祁头山遗址所在的江阴市，位于太湖平原北沿，北滨长江，与靖江相望，南近太湖，与无锡相邻，东连张家港、常熟，距离上海178公里，西邻常州、武进，距南京192公里。江阴滨江近海，地势险要，长江自京口折向东南，至此骤然紧缩，形成扼江重险。江阴成陆较早，区内河网密布，土壤肥熟，且气候温和，四季分明，雨量充沛，日照充足，自然资源非常丰富。湖沼间台形高地上便成为古代先民天然的聚居地。自史前时期，先民活动就非常频繁。祁头山遗址发现前，江阴已然发现了丰富的崧泽、良渚以及马桥文化遗存，祁头山遗址的发现，不但将江阴地区史前人类活动的历史又提前了1000多年，更重要的是填补了崧泽文化之前的空白，进一步揭示了这一地区史前文化发展的脉络。

祁头山出土的一件璜形玉器，也能表明同北阴阳营及江淮间的文化存在着很近的关系。这种璜形玉器，弧度较平，制作时就被中分为二，在中心线两旁一侧的边厚部位上，又各有一孔与一段凹槽，可供嵌入细木条或骨条将本已切割成两截的部分联成一体（图6）。同样的璜形玉器在北阴阳营也出土过2件。此外，在较晚时期的安徽含山凌家滩墓地中又出土过6件。

图6　祁头山出土玉器

有专家认为这种可分可合的璜形玉器应是不同民族、部落实行联姻或结盟活动时的一种信物。按照凌家滩璜形玉器的分析，祁头山和北阴阳营出土的，皆已合成一体，应是联姻信物。祁头山和北阴阳营遗存的年代，要比凌家滩的早出好几百年甚至千年左右。此时部落间的结盟，特别是部落联盟间的结盟或许没有凌家滩时期发达，也许还有墓地成员的身份比较普通的原因，所以没有发现像凌家滩那种半截璜形玉器的结盟信物。

同时，祁头山、北阴阳营、凌家滩都用璜形玉器为信物，必定存在着一种特殊的关系，或是族源很近，或是本为不同文化传统的群族，因被某一族群征服，改从征服者的传统。但不管属于哪一种情况，同时（或略有早晚）使用同样形态信物的族群，就可能是在一个部落联盟，甚至是一个联盟集团之中。祁头山、北阴阳营、凌家滩的空间位置，正好可以连成一片。这是结成联盟的必需条件。作为一个联盟或联盟集团，必定是共时的。从这个条件来看，只能认为祁头山和北阴阳营的族群可能结成联盟。虽然这一说法还不能完全证实，但这些都表明祁头山以及太湖西北部地区在此时与江淮地区文化有着广泛的联系与交流。

5. 祁头山遗址的价值与意义

在对祁头山遗址进行发掘的过程中，发现了大规模的红烧土堆积及彩陶的独特个性，可以揭示祁头山遗址属大型中心聚落。它的发现为史前人类葬俗和陶器制造及生产活动和生活状况的研究，提供了重要的材料。发掘出的137座马家浜文化时期的墓葬，具有相当大的规模，清楚地认识到马家浜文化的文化面貌、特征、性质及埋葬制度，可为马家浜文化树立年代标尺，是一个以直筒平底四腰檐釜为代表的全新文化类型。祁头山遗址中出土的彩陶，与国内原有的马家窑文化、仰韶文化、夏家店文化、山东大汶口文化均不相同，应是独立存在的另一系统。从考古发掘表明，江阴一直是长江下游地区江南和江北诸文化交往的咽喉之地。

根据相关专家对祁头山遗址调查发掘情况及学术研究分析，在江苏、上海、浙江三省市所见马家浜文化遗址中，祁头山遗址是罕见，且保存面积大的遗址之一，可为马家浜文化树立年代标尺。

江阴与新石器时代以后长江、太湖流域出现的3支重要文化（马家浜文化、崧泽文化、良渚文化）有着深厚的渊源，江阴境内先后发现了这些文化的遗存。2006年底形成的祁头山考古发掘报告认为：祁头山遗址虽然属于马家浜文化遗存，但自身特点突出。于是提出，以江阴祁头山大型聚落遗址为中心，在太湖西部以半圆形分布存在着一个文化面貌特征特殊、出土器物相类的古文化遗存群。这一重大发现，使江苏省考古界将江阴祁头山遗址从马家浜文化遗存中独立出来，成为继青莲岗文化、湖熟文化以后，第三次以遗址所在地命名的江苏古文化遗存（图7）。

图7 全国重点文物保护单位——祁头山遗址标志牌

参考文献：

[1] 俞伟超. 江阴祁头山遗存的多文化因素 [N]. 中国文物报，2001-5-2（7）.

[2] 张童心，王斌. 论祁头山文化 [J]. 东南文化，2009（5）.

[3] 江苏省文物局. 江苏省文物保护单位记录档案 [G].

作者简介：

袁高慧，工程师，江阴市建筑新技术工程有限公司，江阴市暨阳路 15 号，邮箱：764775314@qq.com。

02 吴文化发源地的历史鉴证
——佘城遗址

袁高慧　王彦勺

江阴，古延陵地，钟灵毓秀，人文聚集。悠久灿烂的远古文明，印记在其广袤的土地上。江阴3800年悠久的筑城史，就从佘城遗址开始（图1）。在佘城遗址的发现和发掘之后，解开了历史上"泰伯奔吴"的一大悬念，从而让人们知道了吴文化最初的曙光就是从这里升起的。

图1　佘城遗址标志牌

1998年12月，江阴市博物馆考古工作者在调查锡澄高速公路建设工地时发现佘城西侧的花山遗址，由南京博物院、无锡市博物馆、江阴市博物馆组成联合考古队，对花山遗址进行了一次抢救性发掘（图2）。发掘面积498平方米，发现灰沟两条、灰坑14座，宋代土井2口。出土文物132件，其中有冶炼青铜块一件。复原陶器80件，但对城址的年代并未予以最终确认。同年，对位于花山遗址东侧的佘城遗址进行了一次调查，并采集了一些马桥文化类型的陶片，但对城址的年代并未予以确认。

2000年春，我国考古学家俞伟超先生在考察花山遗址时到佘城遗址进行调查，指出该城址和花山遗址有着必然的联系，极有可能为一处马桥文化时期的城址，应予以重视。之后由南京博物院、无锡市博物馆、江阴市博物馆组成联合考古队再次对佘城

图2　考古人员进行挖掘工作

遗址进行调查，在采集了大量陶片后发现，其内涵相当单纯，全部属马桥文化类型。

2001年9月至2003年6月，由南京博物院和江阴市博物馆组成的江苏省联合考古队对佘城进行第二次考古发掘，揭露面积为1510平方米，发现夏商时期房址2处，墓葬1座、灰坑16个、灰沟2条，并出土了大量陶器、石器、青铜器等文化遗物，基本上确定了城址的四至范围，并对城址的布局、结构进行了探索。佘城花山遗址发掘收获巨大，引起国内外专家学者及江阴市民们的广泛关注，江阴市博物馆对出土文物及时进行了修复和展示。

发掘完成之后便确定了佘城城址的四至范围，也确定了佘城遗址的始建年代、使用年代和废弃年代。考古专家认为佘城遗址是长江下游唯一的一座有护城河围绕的、高等级青铜时代的古城。对研究中国城池的形成、早期吴文化的起源和发展提供了宝贵资料和依据。

2013年，佘城遗址被国务院核定为第七批全国重点文物保护单位。

1. 佘城遗址的地理位置

佘城遗址所在的云亭街道位于江阴城区以东5公里处，为澄东门户。境内多山，北有定山、羊头山、耙齿山；西有绮山、花山；南有毗山。境内河道纵横，水源充足，灌溉便利，佘城遗址东邻云峭公路，云峭公路东是锡澄高速公路，再东为澄杨公路，交通便捷，农业生产以稻麦为主。佘城依山而据，地理位置十分重要（图3）。

2.佘城遗址的基本情况

佘城遗址位于云亭街道花山村，是一个整体高于周围地面的高台，现台地西部为白屈港河，其余三面为洼地，为护城河遗迹。城址呈圆角长方形，南北长约800米，东西宽约500米，总计面积近40万平方米。城东、南、北建有人工堆筑的城墙，南城墙保存完整。城墙外有护城河遗迹，东城墙中部还有木质水门设施。佘城遗址是2000年左右建设高速公路时发现的，目前暴露于地面的城墙相对高度有6米左右，并且城中还发现了不少大型的建筑物，可以确定此处当时是江南地区规模浩大的一座古城（图4）。据江阴市博物馆副馆长刁文伟介绍："佘城遗址是距今3800年左右的夏商时期的一个古文化遗址，在夏商时期，有这么大范围、这么大面积的一座城址，在我们长江下游地区，这是现在发现的唯一的一座"。

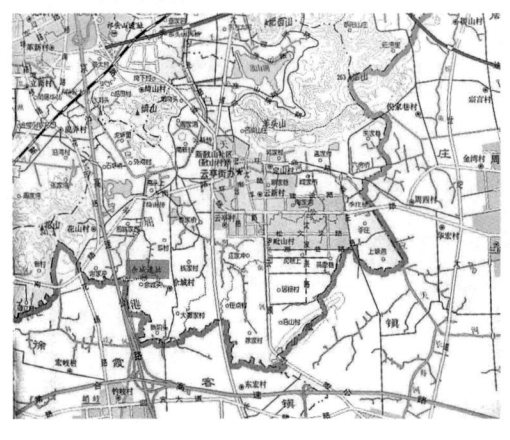 

图3|图4
图3 佘城遗址地理位置
图4 佘城遗址重要遗迹分布图

在航拍的鸟瞰图中，长方形的城址清晰可见，环城有河道，确是江南规模浩大的一座古城。同时在城址的西北角发现一处大型建筑遗迹，在此共清理出柱洞93个，经考古发掘确认，是一处大型干栏式建筑（图5）。

经江苏省考古队三年多的考古发掘，佘城遗址共出土文物200多件，部分尚属完整，其中，陶豆、陶釜、青铜箭镞、石戈等制作更是精美（图6）。其中，有一件箭镞能代表当时南方地区青铜冶炼的技术，特点就是小而精。

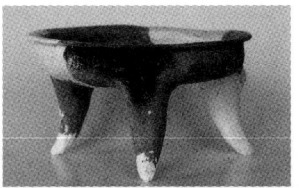
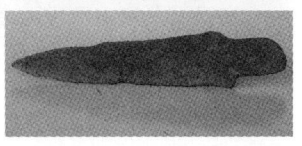

图5 | 图6
图5 大型干栏式建筑遗址发现的柱洞
图6 陈列在江阴博物馆的部分出土文物

3. 佘城遗址的人文历史

"三让家风高万古，鼎隆基业传百世"这一副对联说的便是吴太伯，又称泰伯，吴国第一代君主，东吴文化的宗祖，司马迁在《史记》里把他列为"世家"第一，孔子称他为"至德"。

3200年前，殷商后期的周太王长子太伯携二弟仲雍，为避让王位而奔荆蛮之举称为"太伯奔吴"，被西汉司马迁写入《史记》中。太伯奔吴至司马迁著《史记》的公元前90年之前，已隔千年，到底最终去哪已成谜。直到唐开元年间学者张守节在《史记正义》中说："泰伯居梅里（今梅村），在常州无锡县东南六十里，至十九世孙寿梦居之，号句吴"。但从20世纪40年代开始，史学界观点分歧激烈，有"梅里说""宁镇说"以及"皖南说"等，众说纷纭，莫衷一是。后人试图从梅里一带发掘"太伯奔吴"的文物依据，来验证太伯居梅里的历史依据，却收效甚微，故太伯居梅里并不被考古学界认可，进而引发激烈争议。其中，《史记》中梅里所在的常州府志无记载，以及梅里无太伯时期的文物佐证，为争议焦点。

江阴云亭的佘城遗址，花山遗址相继出土的商末岐山渭河流域太伯相同时期的生活器皿等文物，揭开了"太伯奔吴"前几世人物定居地的历史谜端。吴国中心一直在苏锡常一带的江南鱼米之乡。当初太伯仲雍从故乡岐山带来的物品在其初居地佘城发掘出土，商末的建筑文化在荆蛮江南之地生根，为考古界首要依据。佘城遗址文物考古为太伯奔吴提供了源头之历史依据，破解了太伯奔荆蛮落脚地争议之谜。

太伯的到来使江南荆蛮之地的原始土著文明向中原文明发展，因而江阴故有"太伯化育之邦"之誉。而佘城遗址的商末岐山地区文物，将成为太伯奔吴、吴文化发源地的历史鉴证。

吴国末年，吴王寿梦四子季札（后人称季子）先贤三让王位，隐居躬耕在江阴申浦（港）与武进界边的"舜过山"下，现今申港申浦河畔之"季子祠""季子墓"是人们瞻仰先贤吴季子的圣地（图7）。在江阴这块吴文化底蕴深厚的土地上，太伯逊居在前，季子躬耕继后，忠贞仁义、至德育人，孕育了江阴民风淳厚、勤劳开拓的传统风格和不息的追求而千秋传承。

4. 佘城遗址的价值和意义

佘城遗址（图8）是距今3800年左右的夏商周时代古城遗址，此时已进入文明时代，在以下几方面具有较高价值。

图7 | 图8
图7　江阴市博物馆内陈列的十字碑拓片
图8　佘城遗址南城墙剖面

第一，佘城遗址是一处夏商周时代某一个方国都城，将为寻找吴文化的源头提供新资料。

第二，通过考古发掘，佘城遗址为了解和研究太湖流域夏、商、周时代古城及古先民住址的建筑方法提供了新材料。

第三，佘城遗址显示出当时已掌握了很成熟的青铜冶炼技术，对青铜冶炼技术的研究有重要价值。

佘城遗址的发现对中国古代历史的研究具有特别重要意义。由于佘城遗址所处时代属青铜时代，刚好处于文明发生的时代，其恰处于良渚文化与土墩墓之间，这为早期吴文化的起源探索提供了极为重要的线索。同时也能证明长江流域也是中华文明的发源地之一。

早在 3800 年前，在那个刀耕火种、茹毛饮血的岁月，先民在这片北倚大江、南临太湖的得天独厚的土地上，日出而作，日落而息，以聪颖智慧和无限的创造力，所呈现给我们的文明，足以令所有的江阴人引以为豪。

参考文献：

[1] 江苏省文物局. 江苏省文物保护单位记录档案 [G].

[2] 殷新室. 佘城遗址——太伯奔吴的历史鉴证 [OL].http://www.jymxyjy.com.cn.

作者简介：

袁高慧，工程师，江阴市建筑新技术工程有限公司，江阴市暨阳路 15 号，邮箱：764775314@qq.com。

03 江阴奇碑

——心经碑

王彦匀　张志强

"碑石崔巍放眼高，心经字句任挥毫。龙蛇变幻惊椽笔，疑是张颠醉后豪。"清末民初，曾获科举县试第一的江阴人沙曾达在看到江阴心经碑之后忍不住暗叹此经文书写之肆意洒脱与奇特。《心经》全称《摩诃般若波罗蜜多心经》，是佛经中字数最少，但影响最大的一部经典著作。历史上书法与佛教的关系极其紧密，所以传世碑文作品众多，而江阴的这块心经碑却异于诸多大书法家所书写，是以"奇"而闻名。

1. 心经碑所在位置

心经碑现位于江阴市澄江街道中山公园心经碑房内（图1、图2），嵌砌于北壁间。

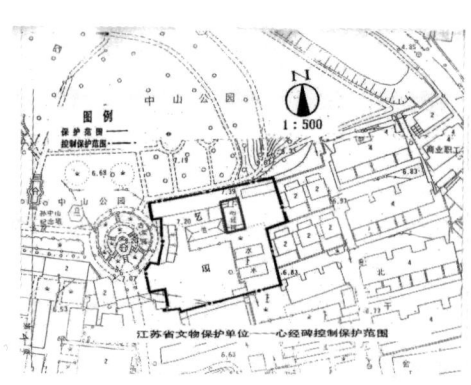

图1 | 图2
图1　心经碑标志牌
图2　心经碑保护范围及建设控制地带

2. 心经碑三"奇"

江阴心经碑上刻《般若波罗密多心经》一卷，计279字，分13行竖刻，而其本身却可用"奇"来形容：

第一奇：海内孤碑，身型巨大，远看似画，近看是书。

这块碑由6块长方形大青石拼组而成，通高2.87米，宽5.12米。相当于这块碑铺满了整个屋子的北侧墙壁，六块大青石俨然成了房屋的墙体（图3）。

心经碑上所刻字体为狂草，笔走龙蛇，气势恢宏，结构严谨，字形多变，不同于其他书法作品。其中"多"字一撇长2.07米；"声"字径横宽达55厘米，最细一笔宽仅1厘米，

图3 心经碑碑体

粗笔宽达7厘米；全文有6字一笔长度均超过2米。书写刚劲有力，字体雄健古怪，却婉转流畅；初看似反写，实为正书，奇妙异常。如此巨幅大书，一气呵成，异僧运笔之力着实难以想象。

第二奇：身世不明，不知书者道松是哪朝高人。

心经碑究竟出于何代、何人所书？由于落款字体狂草难以辨认，至今尚存疑问，有邑人传为唐代书法家怀素和尚所书。但据南宋赵希《江阴军志》记载："僧道松，观音大士木塌下，有草书《心经》满壁，笔力遒健，末题云：孟冬月比丘道松书。不记岁，莫详何代人。近岁侍郎耿公命工摹刻于石，嵌于左虎之壁。或传乃李唐僧云。"但落款真的是"孟冬月比丘道松书"吗？其实不然，目前学术界有争议：首先，落款前有"时"，后有"之"，县志没有记载进去；二来，"孟"字，有学者认为应该是"壬子"；三者，"道松"，应该为"守松"，也有学者称或为"首松"。一个落款就有如此争鸣，实奇矣。

第三奇：表现手法奇特。

更为奇特的是该心经碑镌刻技法精湛，碑刻阴文，但在光线侧射下确有浮雕阳文之感，显示出工匠卓越的雕刻技巧。艺术精妙，实在罕见。

3. 心经碑历史沿革

心经碑相传为唐代异僧道松所书。原为纸本置于江阴乾明广福禅寺的观音殿壁间，南宋淳熙十四年（1187年），邑人、兵部侍郎耿秉命工摹刻于石，并由江阴知军侯彦准题跋，延至明嘉靖末年观音殿遭火焚，心经碑被毁。武进知县赵麟阳重金购得摹本，交黄生道再刻石置于常州关帝庙中。乾明广福禅寺释音可有诗称："心经一卷几翻掀，罗汉重书在壁间，忽被晋陵人借去，不知何日送还山？"江阴士人呼吁"邑人所当重刻以复旧观"。现在看到的这块碑，是清嘉庆年间（1798年）重修广福寺的观音殿时，从常州找回拓片重新摹刻的，距现在也已经有两百多年历史了。

"文化大革命"期间，历史文物成为"破四旧"的冲击对象。1966年4月，一群红卫兵冲进当时作为中山公园管理处办公室的观音殿，准备将碑敲碎，所幸当时的公园管理处负责人吴朴诚深知心经碑的历史价值，机智稳住红卫兵，在其离开后用报纸将碑文糊住，再用石灰水反复粉刷，才得以瞒天过海。1967年，吴朴诚敲掉水泥、撕去报纸，心经碑重见天日。1976年，因年久失修，北壁间开始漏雨，随时有倒塌危险。在缺乏资金无力修理的情况下，为保住古迹，吴朴诚得到江阴文管会支持，向县文教局申请抢修，说服省文化厅派员实地考察，终于得到省文化厅3000元拨款抢修心经碑，并移往观音殿一处保管。

4. 心经碑人文情怀

赵孟頫曾写过"苦被浮名沧桑累，佛法真义托身心"，佛家一直把抄经看作一种修行，认为抄经可以净身心，增福慧，消业障，而《心经》将内容庞大的般若经浓缩成为表现"般若皆空"精神的简洁经典，以总述诸法皆空之理，在历代抄经风潮中最受青睐。上至帝王，下至文人，乃至黎民，均喜净手虔书，从而在书法长河中留下了诸多珍贵的艺术瑰宝，而江阴的心经碑便是其中之一。

粗观此碑，字体狂怪，笔势雄壮，布局肆恣，那变幻莫测的章法和高屋建瓴的气势让人叹为观止（图4）。乍见之下，觉得此碑既无晋人的神韵，又无唐人的法度，更

图4 《心经碑》碑文拓片

无宋人的意趣。既不合文人书法的雅适，也不合僧家书法的平淡，更无馆阁体的雍容。可经一番细细品味，方觉得此碑不同凡响。

《心经碑》如此不合常规，着实令人费解，但结合作品的内容和落款中道松和尚的身份，这一切也便释然了"观自在菩萨，行深般若波罗密多时，照见五蕴皆空""色即是空，空即是色"。佛家认为：色、香、味、触、法一切感知的东西都是不真实、不永恒的。这道理同样也适用于书法创作，书法作品的形式和意趣是书法家经过长期练习后，在书写的瞬间精神状态和经验结合的产物，有着明显的随机性和即兴性，也就是有着偶然性和不可重复性。道松和尚显然明白书法形式和用笔上的偶然性，所以他追求比书法形式更为本质的东西。那便是书法的精神体现。

看久了《心经碑》便觉得它表现出的恰恰是一种安逸和平静，让人体会到一个禅者的自信和超脱。它完全不象现世的许多书法家的草书作品，它的动，是参禅者醒悟后的"风动，云动，心不动"的清净，自然洒脱。如此肆意挥洒的文字正体现着书写者那万法皆空的心态。

5.心经碑的价值和保护

《心经碑》是我国古代碑刻中的佼佼者，属罕见的大型青石质巨碑，不仅是我国书法艺术之珍品，更是我国古代镌刻技法精品，有着极高的历史价值、科学价值和独特的艺术价值，更有着深刻的文化内

涵，是我国少见的一部佛经书法、镌刻名品。

《心经碑》周围配置江南民居式和古园林及现代园林相结合的亭廊（图5），以窥视其历史的片段，保持了与整个景区景观的一致性，在亭廊内立有众多古今书法石碑，以突出历史遗迹为重点，同时又以追求诗情画意的艺术境界，来衬托其高雅的氛围。

图5　心经碑房

参考文献：

[1]（清）陈延恩，金成．续修．江阴县志[M]．（清）李兆洛等纂．南京：凤凰出版社，2011.

[2] 江苏省文物局．江苏省文物保护单位记录档案[G].

作者简介：

王彦匀,助理工程师,江阴市建筑新技术工程有限公司，江阴市暨阳路15号，邮箱：384994689@qq.com。

04 至圣之所
——江阴文庙建筑特色解读

张志强

在江阴市区繁华的人民中路北侧，绿树掩映中有一座宏伟壮丽的古建筑群，显得格外静谧，这就是始建于北宋景佑三年（1036年），后经元、明、清、民初以及20世纪90年代五十多次扩修的江阴文庙。江阴文庙坐北朝南，是一座庙学合一的古建筑，已有近千年历史，也是江阴现存最大的古建筑群。文庙即孔庙，亦称学宫，是历代祭祀孔子的祠庙，旧时为儒学教官衙署所在地。在历代王朝更迭中又被称作夫子庙、至圣庙、先师庙、先圣庙、文宣王庙，尤以文庙之名更为普遍。由于孔子创立的儒家思想对于维护社会统治安定起到了重要作用，孔庙便被古代帝王所器重。其数量之多、规制之高，建筑技术与艺术之精美，在我国古代建筑类型中，堪称是最为突出的一种，是我国古代文化遗产中极其重要的组成部分。

据史书记载，早在宋初，江阴即在南门外建有文庙（当时称先圣庙），供学子在内读书。景佑三年（1036年），江阴知军范宗古见原有文庙太小，且与监狱相邻，对先圣不敬，就将文庙迁到城内军治的东南，即现在文庙所处的地方。新建的文庙，场地宽敞，屋宇高巍，庭廊徘徊，气势崇宏。其建筑整体色彩为只有皇家建筑才能拥有的最高建筑等级色彩——红墙。

文庙和儒学，也常统称"庙学"，实际上"庙"与"学"是唇齿相依的两个单位，按照传统建造格局，有"左庙右学"，也有"左学右庙"和"前庙后学",北京的孔庙和国子监就是"左庙右学",江阴文庙则为"左学右庙"(图1)。文庙是祭祀先师孔子等圣贤的殿堂,规制基本稳定,只是难免兴衰不定,儒学是所在地区教授儒家学说的中心机关,也是主管教学官员的衙署,随着政治、经济、文化的发展变化,儒学的教学制度、方针、内容、方式以及房舍、设施都不断变化,其称谓也有"儒学"(军学、州学、县学)"书院""校士馆""学校"等变化。

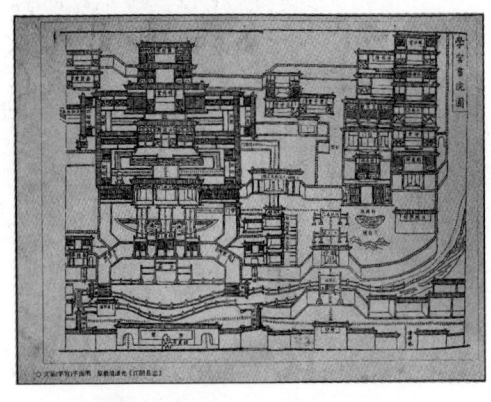

图1 清道光《江阴县志》记载的文庙平面图

文庙从前向后,依次有镶嵌"文庙"二字的石坊、棂星门、泮池及三穿九洞桥、戟门、大成殿等;县学一块,有奎文阁、后书房、译堂、士先志等,庙学规制大致双双完备。乾隆年间《江阴县志》载,旧时棂星门在南,依次还有文庙石坊、金声玉振坊、玉带河、庙左右坊(东曰德配天地,西曰道冠古今)、照壁及魁星石,与中街相通。后来,棂星门以南建筑因各种原因先后被拆除,玉带河被填(图2)。

1. 文庙棂星门

现存文庙南端的第一道大门,叫棂星门(图3)。乃斫石六柱冲天柱式,东西长13.5米,高6.6米。灵星即天田星,是传说中管天田的神。古人祭天,先祭灵星,以祈五谷丰登。宋仁宗天圣六年(1028年)"始置灵星门"。因孔子倡导的儒学被历代统治者奉为国学,后人将"灵星"之名移于孔庙之门,意为像尊天一样尊孔,三门均安设朱红栅栏、左右接墙垣,垣旁各置"一应文武大小官员至此下马"碑(图4)。石柱前后用石抱鼓夹抱、额方两面为篆书阴文"棂星门"三字。额方上层刻月兔和金马图,反面为"日""月"字(图5),意寓孔子的德行与日月同辉。据史料记载,曲阜孔庙的棂星门柱旧为木质,

04 至圣之所——江阴文庙建筑特色解读

图 2　现存文庙全景图

直到清乾隆十九年（1754年）才改为石质，而江阴文庙的棂星门至少自明代起就已经使用石柱式，可见江阴文庙的"规模高于其他郡县"一说是有依据的。

图3│图4│图5
图3　棂星门
图4　文庙下马碑（明代）
图5　棂星门石柱

2. 文庙泮池

进入门内，是一泓泮池和三穿九洞桥，春秋时期，鲁侯在泮水边建宫，称泮宫。泮宫东、西、南方有池水，形如半壁，汉文帝时称诸侯开设的大学为泮宫，后来学者皆以泮宫为学宫，学宫内皆建泮池。学子们又称泮池为"学海"，寓意学海无涯，苦读成才，老百姓称泮池为孔子的洗墨池，古人出于尊孔，把泮池作为孔庙水池的专用名称，应而具有了特殊的文化寓意。泮池形状为半圆形，外圆内直，池上架设石拱桥，这是文庙的特有制式，形状为半圆，不盈不亏，象征中庸之道。孔子提倡"学无止境"，就像这半圆的水池。进入文庙的大门后面，让人感觉与其他祠庙不同的首先是泮池。池中之水有阻隔之用，池上石桥有连通之用，它是文庙中内外空间的界定和过渡。孔子生前虽然不是诸侯，死后却得到了历代统治者的极高封赏，所以泮池成为文庙特有的建筑，象征孔子讲学的学宫，也是地方官学的标志。

江阴文庙的泮池东西长44米，为半月形水池。池上并架三穿九孔石拱桥，称为泮桥，又名青云桥（图6）。按古时的风俗，一般人进文庙，须绕池而行，唯有状元才可以从桥上走过，这里面不仅体现了等级，也有激励学子的成分，所以泮桥也称状元桥，文庙泮桥桥长17.7米，中孔跨距为6.5米，两边孔跨距为5.0米。中间正桥宽3.3米，东西两辅桥宽2.76米。正桥与辅桥之间的间隔为1.8米。主桥略高于辅桥，泮桥为青石结构，主拱券、侧墙均为青石砌筑，桥面和桥栏亦为青石铺设架构，桥面铺青石凿斜纹阶，体现明代建筑风貌。其主桥拱券还保留了数块宋代建桥石材，其特征是褚红色多孔花岗岩。桥栏柱为青石镌刻的莲花顶，造型朴实精美。泮池的栏杆柱为褐黄色花岗岩镌刻的莲花顶，造型与桥栏柱相同。主桥正中桥面镶嵌"鲤鱼跳龙门"石雕一块（图7），寓意"仕途高升"。两侧辅桥正中桥面各镶嵌一块"水旋"吉祥石雕一块。

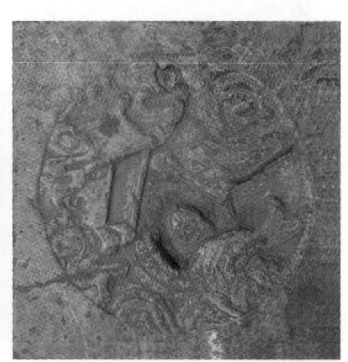

图6 | 图7
图6 文庙泮桥
图7 鲤鱼跳龙门石雕

3. 文庙大成门

过泮桥后便是大成门，大成门亦称戟门（图8、图9）。大成门是文庙的最后一道大门，是通向文庙主体建筑大成殿的大门。因形似古代的兵器戟，又称戟门。"大成"二字源于《孟子》："孔子之谓集大成"的语意，古称大成门。宋初名"仪门"，宋崇宁三年(1104年)因大成殿得名为大成门。江阴文庙的大成门始建于明太祖洪武三十年（1398年）。门阔三间，门阔14米，深10米，设大门六扇，门基为石，雕须弥座。旧时逢祭孔大典或帝王通行才开启，平时常人出入开启两旁的金声、玉振两掖门。1996年修复时，仿曲阜孔庙式样，大门上方悬清雍正皇帝题书的"大成门"竖匾，大门两侧悬其御书对联："先觉先知为万古伦常立极，至诚至圣与两间功化同流"。大成门左右两翼，各面阔四间，进深六架。清乾隆年后为名宦、乡贤祠。现为钱币、字画、文房四宝、旅游纪念品等文化商品的销售场所。

  大成门的门槛甚高，意在进大成门谒圣庙者，自然得小心举措，端正举止，符合圣庙谨严的气氛。再说说大成门的门钉，最早的门钉只起加固门板的作用。由于一扇大门往往要由若干块板子拼起来，时间一久容易散开。为了避免散落，就在门板里面穿上带，又怕带不结实，于是再用门钉加固。后来门钉做得越来越整齐，横竖成行，钉子的数目也就成了等级的标志了（图10）。由于皇家建筑体量大，门也大，需要门钉的路数也多。通常皇家宫门门钉竖九路、横九路，亲王府邸门钉竖七路、横九路，郡王公侯府邸门钉竖七路、横七路，侯以下官邸门钉竖五路、横五路。

图8 | 图9 | 图10
图8　文庙大成门
图9　文庙大成门垂脊
（注：瓦将军曰天王，东西两翼硬山顶两端饰望兽，垂脊饰坐狮）
图10　文庙大成门门钉

4. 大成殿

  大成殿是文庙的主体建筑，是祭祀孔子的主要场所（图11）。大成殿原名文宣王殿、宣圣殿。宋崇宁三年（1104年），徽宗赵佶取孔子集古圣先贤之大成之意，下诏更名为大成殿。江阴文庙大成殿建筑为重檐歇山顶抬梁式屋架，面阔五间，进深六架，高12.6米，殿内梁、栋、额、枋，俱有彩绘（图12），飞檐翘角，器宇轩昂，宏敞肃穆。

殿内正中置一神龛，供奉头戴十二旒冕、手执镇圭的至圣先师孔子塑像，塑像坐高 2.8 米，神态"温而厉、威而猛、恭而安"（图 13）。殿内供奉孔子牌位，边缘五条金色盘龙，腾云驾雾，上书："至圣先师孔子神位"。庄严肃穆。孔子塑像两侧是高 2 米的"四配"坐像。左为复圣颜回，述圣孔伋。右为宗圣曾参，亚圣孟轲，再两侧为十二哲。"四配""十二哲"均头戴九旒冠，身穿九章服，手执躬圭，塑像均坐于木制描金神龛内。

图 11｜图 12｜图 13
图 11　文庙大成殿
图 12　大成殿梁枋彩绘
图 13　文庙大成殿内孔子塑像

大成殿屋顶形式为重檐式歇山顶，歇山顶的等级仅次于庑殿顶。它由一条正脊（图 14）、四条垂脊和四条戗脊组成，故称九脊殿。其特点是把庑殿式屋顶两侧侧面的上半部突然直立起来，形成一个悬山式的墙面。歇山顶常用于宫殿中的次要建筑和住宅园林中，也有单檐、重檐的形式。古代屋顶形式是有严格的等级之分，古代屋顶等级排列如下：第一位：重檐庑殿顶，重要的佛殿、皇宫的主殿，象征尊贵；第二位：重檐歇山顶，常见于宫殿、园林、坛庙式建筑；第三位：单檐庑殿顶，重要的建筑；第四位：单檐歇山顶，重要的建筑；第五位：悬山顶，民居、神橱、神库；第六位：硬山顶，民居；第七位：卷棚顶，民居、园林建筑；无等级：攒尖顶，亭台楼阁。

在大成殿重檐正中悬挂"大成殿"贴金匾额，"大成殿"三字相传是清雍正皇帝亲笔手书。重檐正脊饰圆形双龙戏珠图，两端以皇宫规制饰龙吻，垂脊塑龙、狮、马、牛等传统吉祥物。大成殿内的梁、枋有百余平方米的彩画,距今已一百余年。1995年修复时聘请南京博物院文物保护研究所对彩绘进行了化学保护。

大成殿内外悬有两块匾额,两副对联。殿内正中是清康熙皇帝题书的"万世师表",南面悬挂清光绪皇帝题书的"斯文在兹"匾额。两楹悬清雍正皇帝御书联"德冠生民溯地辟天开咸尊首出,道隆群圣统金声玉振共仰大成。"清乾隆皇帝御书联:"气备四时与天地鬼神日月合其德,教乘万世继亮舜禹汤文武作之师。"都是褒扬孔子的文辞。据《江阴县志》记载,江阴历代祭祀仪式至为隆重,文武官员履职江阴,必到文庙行香。

藻井(图15)是中国传统建筑中的一种装饰性结构顶棚,是中国特有的繁复绚丽的装饰技术。其工艺非常复杂,自天花平顶向上凹进,似穹窿状。《宋舆服志》规定,凡民庶家不得施重拱、藻井及五色文采为饰。《明会典·官民第宅之制》规定,洪武二十六年定官员盖造房屋并不许歇山转角,重檐重拱,绘画藻井。可见藻井是等级的象征,是高贵的象征,多用在宫殿、寺庙中的宝座、佛坛上方最重要的部位。

 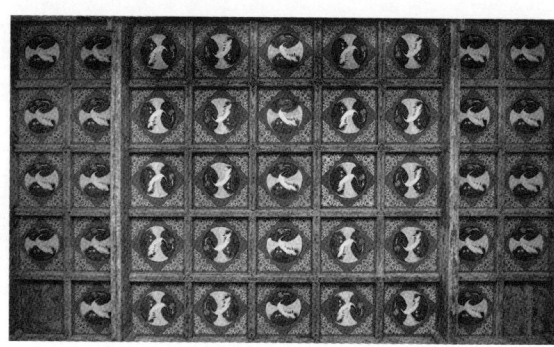

图14 | 图15
图14 大成殿正脊龙吻(皇家建筑规制)
图15 大成殿藻井

大成殿前月台长19.5米,宽10米,安上了青石栏杆、砖石台阶,左右两旁东西庑,安装朱红落地长窗,与戟门的左右两翼一起,围成一个廊庑式的大院。

5. 明伦堂

江阴文庙的明伦堂（图16）历来为讲学习仪的地方，原属书院规制，损坏不大，现在修葺得焕然一新，既成为文庙的组成部分，又是暨阳书院的遗存建筑，堂前左右，是书院的时

图16 文庙明伦堂

习斋和日新斋，现在也恢复旧貌，门厅上悬有宋代理学家朱熹的手迹仿件"明伦堂"横匾，黑字白底，两侧则是借用清代南菁书院（今南菁高中）的第二任院长黄以周题给南菁书院的对联："七十子六艺兼通，文学溯薪传，北方未先于吴会；九百里群英毕萃，礼仪表茅葹，东林以后有君山。"明伦堂屋顶形式为卷棚式悬山顶。院内一口古井，修建了栏圈和栏杆，并在南面矗立起阎应元、陈明遇和冯厚敦"三公"神像（图17）。明、清以来幸存的碑刻，理所当然得到了保护。江阴文庙的建筑群和暨阳书院的明伦堂在沉睡120年以后又重新焕发青春。

6. 东西庑房

大成殿的东西两侧，有厢房40间，长70米，屋面花脊黑瓦，长廊红柱方砖，十分雅朴，给人以宁静、简洁的感觉（图18）。古时，东厢中段七间称东庑，祀先贤三十九位、先儒二十六位；西厢中段七间称西庑，祀先贤三十八位、先儒二十六位。西庑之南各三间，旧为祭祀乐器库。西庑之北各八间，旧为学宫部分。东曰时习斋，教谕廨，西曰日新斋，训导廨，是秀才学习和教谕、训导的办公用房。

图17 明伦堂"抗清三公"塑像

　　文庙圣地,天人合一。自然与文化因素超越了意识形态的壁垒,传递着悠悠千载的文化信仰。文庙,仿佛一幅色泽斑驳的古画,抑或一首意蕴深刻的古诗,镌刻在古城江阴的史册上。离此不远处,伴有暨阳中学莘莘学子们年轻的读书声，一脉相承，气息相通。正是这座江阴最早的府学，传承着千年文脉，博采源远流长之治学风范，培养了一代代学之骄子，造就了一代代"人心齐、民性刚、敢攀登、创一流"的江阴人！

图18 庑房长廊红柱方砖

作者简介：

张志强，高级工程师，江阴市建筑新技术工程有限公司，江阴市暨阳路15号，邮箱：444597973@qq.com。

05 悠悠古塔史千秋
——江阴兴国寺塔

卢平　张志强

古塔是中国五千年文明史的载体之一,塔被佛教界尊称为佛塔,是佛教专门的建筑,矗立在大江南北的古塔被誉为中国古代杰出的高层建筑。江阴兴国寺塔位于江阴市南街,耸立于兴国园内,塔南向偏西(图1~图3)。兴国寺塔是江阴古城的标志,塔始建于北宋,距今一千一百余年,历经战火,几经兴废,而古塔犹存,千百年来历尽沧桑,见证了江阴古城的历史。现塔6层以下仍为宋时原物。千百年来,兴国寺塔既是江阴古城的地标性建筑,又是江阴古城的历史文化积淀。

图1|图2
图1　兴国园鸟瞰全景图
图2　兴国园正门

1. 兴国塔的历史

兴国塔建于北宋太平兴国年间（976—983年），原为太平兴国教寺之七级浮图，遂名之；宋大观初年失火，塔心木质尽毁，唯存浮图七级。元朝复建，至正庚申年间

图3 兴国园内景

遭战火毁坏。明正统年间明洪武十七年（1384年）修复，塔身增为9级。明万历十九年（1591年），知县朱家相捐修。清乾隆七年（1742年），知县蔡澍重修，四十七年筒体依然屹立。清嘉庆二十二年（1817年），塔内架木及顶毁于火灾，而砖壁筒体依然屹立，犹如巨大毛笔，故有"文笔塔"之称。咸丰十年（1860年），兴国教寺大殿及东西僧房烧毁。民国十四年正月初三（1925年1月26日），直奉军阀混战的"乙丑围城"中，奉军发炮击中兴国塔残塔之巅，最高三层被削去一半，从此兴国塔的外观由"毛笔"成为"钢笔"尖形，依然挺立在暨阳城内（图4）。所以也称为文峰塔。

现在的兴国园大门楹联为："文峰无语静观青山依旧大江东流，砚池有水难抒要塞风云古城沧桑"。

1949年后数次维修（图5），现六层以下仍为宋时原物。塔高42.24米，已向东北倾斜。

1985年7月至1986年2月，江阴市政府对兴国塔进行全面修缮（图6、图7），采取挖补、弥缝、连缀、堵漏等工艺，并对塔体围钢筋腰箍六道，旨在加固排险，保持残塔风貌。为保护兴国塔，2002年开始建兴国园。2005年，江阴市政府对兴国塔进行加固修复。因兴国塔下淤泥土质不匀，结构松移，塔体倾斜续增，在塔的外围打下78根灌注桩，桩长14米，形成一个环箍，再在桩顶浇筑80cm高的冠梁，提高塔基的强度与稳定性。塔内恢复木质楼板等措施，加固塔基和塔身以抑制

倾斜。使兴国塔这一江阴古老的地面遗存及其周围重要的历史地段都得到了彻底的保护。修复后的兴国塔高42.22米，向东北倾斜0.249米，顶心偏北18度，水平距中心点1.3米。塔底直径约10.7米，每边宽4.54米，壁厚2米多。塔身第七层内壁呈八角形，存有西北、西南、西三个残面，第八层仅留高约2米的孤立残壁一片。

图4 | 图5
图4 兴国塔形如笔尖的塔尖
图5 兴国塔维修碑记

图6 | 图7
图6 旧兴国塔
图7 兴国塔上留下的弹片

　　2008年，兴国园西扩时，陆续发现雕花刻纹的石经幢出土，经过辨识铭文，发现有咸通十一年字样（即870年唐懿宗李漼），江阴出土的这座石经幢共19层，通高6米以上，极为少见（图8）。石经幢由幢基、幢身、幢顶三大部分组成。幢基刻的须弥山巍峨壮观，束腰上所雕四只狮子姿态各异，八座壸门式龛内的佛像形神兼具，宝盖所

32

刻宝相花生动灵气，幢顶摩尼珠犹如点睛之笔，将石经幢的雕刻风格和佛教艺术一一展现。因深埋地下，经受了长久的岁月剥蚀，石经幢所刻佛经的字迹已漫漶不清，仅有年号可见，但整座石经幢幢体高大，形体华丽，雕刻精美，不仅体现了江阴地区佛教文化的多样与深远，也在很大程度上弥补了江阴地方志关于佛教历史记载的空白。由此说来，兴国寺的历史距今已经1147年了，唐幢与宋塔交相辉映，更加彰显了江阴深厚的历史文化底蕴。

为了保护兴国塔，江阴市政府因塔建园。2002年起，市政府将兴国园建设工程列入十件实事项目，明确了以兴国塔为中心，以宋代园林风格为特色的文化建园理念，兴建"兴国园"。新建成的兴国园，东至中山南路、南至南街、西至兴国巷、北至青龙巷，占地面积2.6万平方米。兴国园共分为凭吊纪念区、怀古赏景区、诗文化景区三大功能区。开挖了水池，种植了绿化，新建了广场，制作了大型浮雕，再现了江阴已消失的"善政桥""圣母桥""小虹桥""太平桥""暨阳桥""进贤桥""鸿渐桥"等七座古桥，建造了以历史文化传承为脉络的大雅堂、椒山亭、磬音亭、鱼声阁、悔余庵、颐春阁、上湖草堂等仿古建筑，兴国园随之成为现代都市的一座"城市绿洲"、怀古赏今的教育基地、市民休息、健身的极好场所（图9）。

图8｜图9
图8 兴国寺石经幢记
图9 兴国园内景

2013年，兴国寺塔国务院公布为全国重点文物保护单位（图10）。

2. 兴国塔的建筑特色

兴国塔，又称为兴国寺塔，建于北宋兴国年间。北宋这个朝代，政治上不算很强盛，在文化、建筑上却有着独到的贡献。活字印刷就产生在这个时代。另外，历史上砖石建筑发展的高峰就处于这个时代，砖塔是其中的代表。民间有这样一种说法："有塔必有寺"。在兴国塔周围当时是一座寺院——兴国寺，从清道光二十年（1840年）的地图来看（图11），兴国寺还是存在的。由于江阴地处江防要塞，历史上战火不断，加之1958年以后大炼钢铁和"文化大革命"的破坏，兴国寺已经荡然无存。

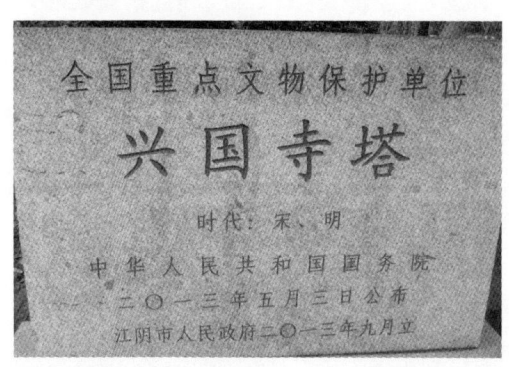 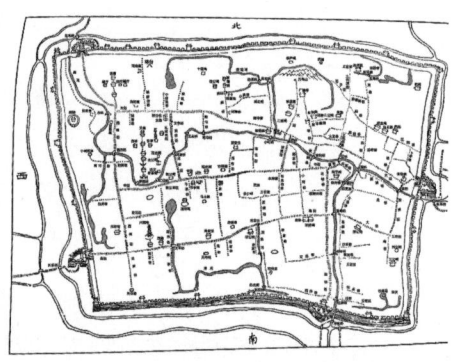

图10 | 图11
图10 全国重点文物保护单位——兴国寺塔标志牌
图11 清道光二十年（1840年）江阴县城图

兴国塔是宋代典型的楼阁式砖砌古塔，在中国古塔中这种塔形很常见，像苏州的虎丘塔、杭州的六合塔都是这种结构，塔为八角七层，它们的特征是：第一，每层之间的距离较大，明显地表现出塔的一层相当于楼阁一层的高度。一眼看去，塔身就是一座高层的楼阁。第二，每层塔身均以砖石制作出与木构楼阁相同的门、窗、柱子、额枋、斗拱等部分，其形制与木结构相仿。第三，塔檐大都仿照木结构塔檐，有挑檐檩枋、椽子、飞头、瓦陇等部分。砖木混合建筑的楼阁式塔，出檐更为深远，平座、栏杆等均与木构一样，只是从砖体塔身内挑出，而不是从木梁柱内挑出而已。第四，塔内部均有楼层，可供登临伫立或向外眺望。塔内有砖石或木制楼梯，供人上下。楼阁式塔的楼层，一般均与塔身的层数一致。一些有暗层的塔，内部楼层较塔身外观层数还要多。这是与密檐式塔相区别的特征。

兴国塔的结构很具特色，外形采用八角形，而内部平面呈四边形，并且逐层45°角错开，这在古建筑结构上称为"相闪"，塔身壶门（图12）与直棂假窗也采用每层相闪法。而于第七层开始内壁又呈八角形，体现了结构上的合理性，保证了塔的稳固性。底层面积91平方米，塔基座落在夯土之上，基础上除一排黄石外别无他物。塔身砌青砖，底层墙体厚度达2米以上，往上则逐级收敛，塔高42.22米，各层塔身均以砖石制作出与木构楼阁相同的门、窗、柱、额枋、斗拱等部分，形制与木结构相仿。塔檐仿照木结构塔檐，从砖体塔身内挑出，塔檐下为砖砌的斗拱（图13），斗拱中间留有孔洞，原为塔身外围木结构之用。

图12 塔上的壶门

图13 砖砌斗拱

每层八面只有四面开有壶门，壶门过道两壁都嵌砌砖雕佛像和宝相花，其他相间的四面用砖砌出直棂假窗作为装饰，并逐层交错，塔内部有木制楼梯，供人上下。作为北宋初期建造的楼阁式砖砌古塔，它从基础到顶部，都集中体现了宋代古塔的建筑艺术（图14、图15），反应了当时的建筑施工水平，是宋代楼阁式砖砌古塔的典范。

图14 | 图15
图14 兴国寺塔砖雕
图15 兴国寺塔砖

兴国塔（图16）占地面积330平方米，建筑面积448平方米，第一层91平方米，第二层79平方米，第三层72平方米，第四层62平方米，第五层55平方米，第六层47平方米，第七层42平方米。

在千姿百态的中国佛塔中，不论是密檐塔、楼阁塔，或是风水塔、文峰塔，细心观察的人总会发现，塔的层数皆为奇数，即单层、三层、五层……十三层、十五层、十七层，偶数层的塔极罕见，连塔刹相轮也不例外。而塔的平面则为偶数边形，如四角、六角、八角、十二角塔等，绝对没有奇数边的平面形式。除了构造上的原因外，其构思出于我国阴阳对立统一的宇宙观。数字在我国除了运算功能外，还被赋予哲学的意义。数字有奇有偶，有阴有阳。天数为奇数，为阳数，生数；地数为偶数，为阴数，成数。天在上，是圆的，向高发展要用天奇数；地在下，是方的，平面展开要用地偶数，这是中国人对数的讲究。当然佛教也有自己的解释，认为塔的四边象征四圣谛，六边象征六道轮回，八边是八相成道，十二边是十二因缘等。

我国古代建筑中，地下基础大都只是夯打坚实的地基，没有什么特别的构造。而塔的构造却独具特点，除了地面上的塔体之外，地下还有一部分特殊构造——地宫，也称为"龙宫"或"龙窟"。这一特殊构造，是其他的宫殿、坛庙、楼阁等建筑所没有的。这是因为塔是埋藏舍利的场所。据考察，在印度，舍利并不是深埋地下，而只是藏于塔内。而传到中国之后，与中国传统的深葬制度结合起来，便产生了地宫这一形式。地宫内主要是安放石函，石函内有层层的函匣相套，也有用石制或金银、玉翠制作的小型棺椁，内中一层即为安放舍利之处。此外，地宫内还陪葬有各种器物、经书、佛像等。许多塔的地宫内都出土了金银器皿、瓷器、料器、木刻制品等珍贵文物。佛塔地宫和陵墓地宫一样，是一座地下文物仓库，是地下博物馆。塔基是整个塔的下部基础，覆盖在地宫上。早期

图16　兴国寺塔全貌（2002年修）

的塔基一般比较低矮，只有几十厘米。如现存两座唐代以前的塔——北魏嵩岳寺塔和隋代历城四门塔，其塔基都非常低矮且简单，均用素平砖石砌成。有的塔基仅一二十厘米高，很不明显，甚至年久残缺。再如陕西长安兴教寺的玄奘墓塔，已经基本看不到塔基了，以致被误认为塔从地出。出于保护古建筑的需要，在1985年的大修和2005年的加固修复中，没有打开兴国塔的地宫，因此兴国塔的地宫到现在还是一个谜，只能留待后人去考察探寻了。

一座古塔，堪称一卷史书，悠悠古塔史千秋。用心抚摸那古朴端庄的塔身，似乎能触摸到一个远逝时代的体温，甚至触摸到它的心跳。笔尖型的塔顶，是一方人文精神的背景。兴国寺塔已不仅仅是一座古建筑，也不只是一个单纯的时间坐标抑或历史坐标，更是江阴的一个显著的文化坐标（图17）。

作者简介：

卢平，高级工程师，江阴市建设工程施工图审查中心，江阴市大桥南路18号，邮箱：248892699@qq.com。

图17 兴国寺塔全貌

06 见证忠义之邦
——广济古泉

唐人　张志强

在江阴，现存的古井已经不多，但有一口井——广济古泉还时常为人所记起。

《说文解字》记载："井，八家一井。"据古制规定，八家共汲一井，一个"井"字，分九个区块，周围八户人家，中间围着一口井。也有专家认为，八家一井来自"井田制"：方圆九百亩一个单位，划为九块，周围是八家的私地，中间一块公田，形状就像一口井，八家共居一"井"。井田制的"井"划分得非常规整，这里的"井"，引申为"条理""法度"。

井，是一个深具中国传统文化的字眼，"九夫为井，四井为邑""改邑不改井"。在中国传统观念中，井被视为命根子，"背井离乡"被视为人生一大苦事，中国古人安土重迁，具有很强的乡土文化情结。

1. 广济古泉的地理位置

广济古泉位于江阴老城区中山公园东侧"澄江福地"内（图1）。清道光《江阴县志》记载：广济泉俗称"四眼井"，在广福寺巷内，宋嘉祐六年（1061年），

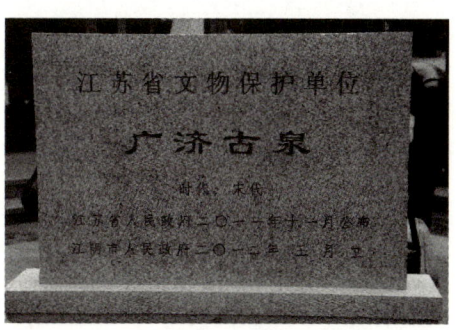

图1　广济古泉标志牌

乾明院僧宗寿凿。井泉天旱不涸，久雨不溢，水质甘甜，除了供寺内僧众日常所用外，还广济香客劳顿渴饮之需，故名"广济泉"。

广济泉因井径大，水源充足，为了能让多人同时垂桶下井汲水，而又不致吊绳互相缠绕，在井台上设置了四个井圈，形成四眼，所以江阴城里的老百姓都称之为"四眼井"（图2）。

图2　广济古泉

2. 广济古泉的基本情况

民国年间，江阴诗人沙曾达曾作《广济泉》诗一首："四眼回环一气连，沧桑世易井依然。任人汲引源无竭，色味清甘比惠泉。"

四眼井的构造别具一格（图3），整个井筒犹如一只竖立的腰鼓，中段略向外鼓，井口、井底则稍稍收拢，上下直径均为2.4米。相传初凿时深64丈，据说清代深浚至30余丈犹未见底，如此深度似乎不可能，前几年经有关部门测量，四眼井实际深度为19米。此井以宋代专用井砖盘筑。井底铺垫以碎石，起到澄滤作用，以保持水质洁净。其泉清泠，味同甘露，岁旱不竭，年涝不溢。四眼井既深且大，容水量十分可观，历史上曾供东半城居民饮用，井边一天到晚汲水者不绝。口围各为55厘米、57厘米、60厘米、63厘米。青石质井栏圈，鸡笼式，其中南、北、西三井圈为明嘉靖年间原物，西井栏圈外侧面上刻有"关勇义泉"四个正楷大字。从"义""泉"二字看，这四个字应该刻于1645年江阴抗清守城战之后。

3. 广济古泉的人文历史

九百五十多年来，四眼古井不仅以其充沛的水源广济澄江百姓，而且见证了江阴历史长河中一幕幕血与火的洗礼（图4）。明末年间，清兵在江南势如破竹，史公可法忠义比天，也只在扬州镇守七日，在诸地抗清战争中对清兵予以沉重打击，抵抗最壮烈的，首推江阴。"江阴守城"同"扬州十日""嘉定三屠"被史界称为"南明三惨"。

图3 | 图4
图3 广济古泉四眼井
图4 记录历史

据《江阴野史》记载："有明之季，士林无羞恶之心。居高官、享重名者，以蒙面乞降为得意；而封疆大帅，无不反戈内向。独陈、阎二典史，乃于一城见义。向使守京口如是，则江南不至拱手献人矣。时为之语曰：'八十日戴发效忠，表太祖十七朝人物；六万人同心死义，存大明三百里江山'。"

明末清初，江阴义民在阎应元、陈明遇、冯厚敦三公的带领下，万众一心，喋血抗清。二十多万清军，两百多门大炮，将弹丸之地的江阴城围得像铁桶似的。在坚守了81天之后，江阴城终于被清军的大炮攻陷，英勇不屈的江阴义民无一人投降，他们同清兵展开巷战，直至捐躯。1645年的江阴抗清守城战，不仅是江阴历史上最为悲壮、最为惨烈的一场战役，台湾著名学者黄一农认为，江阴守城之役，动用火炮之多，规模超过欧洲的三十年战争和英国内战，应为17世纪前半叶世界陆地最大炮战之一，也是17世纪全世界最惨烈的一场战役。江阴民众在这一战役中的壮烈之举，惊天地，泣鬼神，气贯长虹。城陷之后，那些没有战斗力的老弱妇孺纷纷投水、蹈火、自刎、上吊，慷慨赴死。更有不少人不约而同来到四眼井，选择这口古井作为他们的殉难之处。当时，江阴城里战火弥漫，狼烟升腾，周围呐喊声、嘶杀声、马蹄声时断时续。人们围聚在四个井圈边，神情肃穆，视死如归，他们用手撑着石栏圈，有的先把头伸进去，有的则把脚跨进去，一个个争先恐后地往井里跳，几乎没有停顿的间隙。其中，明末著名诗人许学夷的女儿、江阴抗清领袖之一许用的姑姑徐许氏，全家十五口全部投井而亡。江阴籍作家胡山源曾经依据史料写过一部《江阴义民别传》，其中写到肩头被清兵砍了一刀的文人戚三郎，奔进观音寺巷，晕倒在四眼井旁。当他醒过来时，井旁已经没有人了。他挣扎着将脚伸入井眼，却伸不下去，原来井里已经被殉难者的尸体塞满了。江阴军民守城81天，终于弹尽粮绝，清军以猛烈炮火破城，阎应元等巷战身死，城破之日无一人投降，仍坚持巷战直至全部阵亡。清军破城后，屠城3日，全城仅存53人。《江阴城守纪》记载："满城杀尽，然后封刀。……城中所存无几，躲在寺观塔上隐僻处及僧印白等，共计大小五十三人。是役也，守城八十一日，城内死者九万七千余人，城外死者七万五千余人。"

　　四眼井里究竟跳下去了多少人呢？清初韩菼在《江阴城守纪》中说是"投四眼井者，四百余人"。而《明季南略》的作者计六奇据难民口述记载："有一四眼井，死者如市……封刀后，井中捞尸二百"。江阴民国老报人徐再思则在《澄江旧话》一书中提到，前清光绪初年，四眼井修浚时，据亲见之老辈云，从井中尚"起出尸骨百数十具，盖皆明末屠城时殉难之人"。

　　从四眼井前后两次捞出的尸骸，合计三百多具，这一数据相比韩菼所说的"四百余人"更为可靠，因为捞尸的数据来源，一个系难民口述，另一个属老辈亲见，可信度较高。

　　江阴城破时，有一女子咬破手指，在城墙上用鲜血写下这样一首诗："露胔白骨满疆场，万死孤忠未肯降。寄语行人休掩鼻，活人不及死人香"（图5）。大敌当前，家园遭侵，宁可投井而死，也不愿屈服于清军，江阴人民血性刚强的特性在这里淋漓尽致地显现了出来。

而那口非同寻常的四眼井，成为江阴人凛凛气节的见证，成为江阴这座古城"忠义之邦"的象征。于是，人们将四眼井称之为"义井"。

数百年过去，烟云已散尽，和平盛世已久，但这段历史至今依然令人气血贲张，感慨不已。1947年，蒋介石为江阴亲书"忠义之邦"刻于南城门。回首江阴历史，"忠义之邦"美誉无愧。沧江横流，方显英雄本色。江阴土地上，华夏先辈的凛凛气节流淌在江阴人的血脉中，凝聚在江阴人的魂魄里，如同滔滔江水奔流东去，阔旷大气，浩浩荡荡。

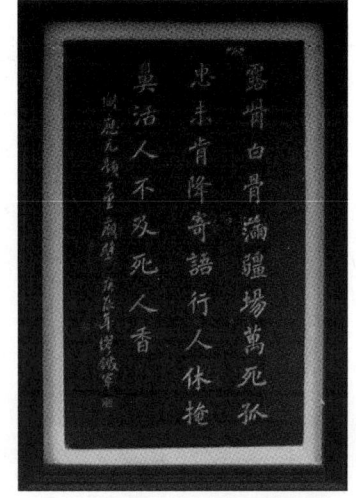

图5　江阴城墙上的诗作

作者简介：

唐人，注册造价师，高级工程师，江阴敬业工程造价师事务所，江阴市长江路777号东方广场18号楼1901室，邮箱：2533803033@qq.com。

07 被遗忘的人文情怀
——锡澄运河南北新桥

王彦匀　张志强

江阴市，大江之阴，是长江的咽喉，是历代江防要塞，青阳镇则是江阴的南大门，古往今来，一直是连接江阴、常州武进和无锡的重要纽带，旧志记载："县滨为险，而青旸实腹里之要冲"。现存《宋志全境图》中关于青阳镇建设的记载，至今已有千年历史。至明代，青阳镇已是"烟火千家""舟车辐辏"，市况繁盛。如果说，长江如母亲般哺育了一代一代的江阴人，那么，锡澄运河便如同流动的血脉，千百年来推动着江阴不断发展。在明、清两代，青阳镇的集镇夹锡澄运河为市，南来北往的商贾客船必定在此停泊休息，补充给养和交流，烟火千家的青阳镇便由此而来。不难想象，每逢集市青阳镇便有着"桥上行人千担挑，桥下航船千篙撑"的景象，锡澄运河南北新桥便是历经繁华并存留至今的见证者。

1. 南北新桥的地理位置

锡澄运河南北新桥位于青阳镇（图1），跨于老锡澄运河之上。流穿青阳镇的老锡澄运河古时称运粮河、漕河，1956年，老锡澄运河拓浚时，青阳镇段向西改道。青阳市镇部分的老锡澄运河河道，当地民众又称为市河。从青阳北环路，一路往西便是青阳市河，河上耸立着锡澄运河南北新桥，两桥相距约1.5公里，这也是介于江阴、无锡、武进之间、昔日繁华古镇的大致范围。

2. 古桥形态与历史

（1）南新桥

南新桥位于青阳镇南街梢，原万源布厂旁，跨老锡澄运河，又名三元桥（图2）。南新桥、中新桥（青阳桥）、北新桥同在青阳镇，连同原来的天主堂，成为青阳镇

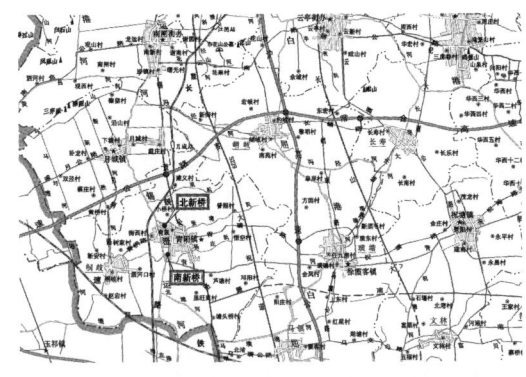

图1 锡澄古运河南北新桥地理位置图

一景，也是古青阳镇的标志性建筑。南新桥建于明嘉靖六年（1527年），江阴知县张集筹资建造。同时建造的迎秀桥（北新桥）与南新桥同规格、同桥形。南新桥全长34.5米，净跨11.0米，拱顶高程10.8米，桥顶面宽3.5米，底阶宽4.5米。东坡36级至一平台阶，向南向北各分8阶落坡（图3）。西坡石阶39级（图4）。南新桥于明万历四十七年（1619年）改名为三元桥。据清道光《江阴县志》记载："康熙年间（1662—1722年）马子虬、陶禹贤捐修。"乾隆二十三年（1758年）和咸丰元年（1851年）又两次重修。民国八年（1919年）青阳名绅葛凤池等出资重建。

图2 南新桥又名三元桥

图3 | 图4

图3 南新桥的东边是双坡落水的结构，双坡落水分别通向狭窄老街的两边

图4 南新桥的石阶

图5 拱与水中倒影合成一个微"8"字形

三元桥有一个比较明显的特征，即桥的拱券略超过半圆形，与水中倒影合成一个"8"字形（图5），这种拱券造型也称之为"马碲形"。与北新桥不同之处是三元桥的桥体主要由花岗石组成，夹杂着少许的青石。

（2）北新桥

北新桥位于青阳镇北街梢，跨老锡澄运河，又名迎秀桥、凝秀桥（图6）。北新桥建于明嘉靖六年（1527年），江阴知县张集筹资建造。该桥与南新桥（又名三元桥）同年建造，两桥大小相同，形式一致，为姐妹桥（图7）。明万历四十七年（1619年）焦徵重建。重建的迎秀桥至今已有385年。清咸丰元年（1851年），镇民捐资重修。2005年江阴市政府拨款30万元，青阳镇政府组织大修。迎秀桥用苏州金山石砌成，桥高9.3米，桥长21.4米，净跨11米，顶宽3.5米，底阶宽4米，东坡石阶30级，西坡石阶20级，拱顶高程10米。桥顶设有四只神态各异、调皮活泼的小石狮为望柱，北新桥桥顶望柱头上有两对可爱的石狮子，只是由于人为的破坏，其中有肢体残缺者，后用水泥修补，被人趣称为"断肢再植"（图8）。北新桥的石望柱比较特别，柱顶不是常见的平面，而是与桥坡一样呈斜面（图9）。

图6 | 图7
图6 北新桥又名迎秀桥
图7 北新桥拱券结构

图8 北新桥桥顶望柱的石狮子

图9　北新桥桥栏抱鼓石

3. 古桥的人文情怀

　　人文是中国传统文化的精髓，中国的"文"以"人"为本，"人"以"文"为内质。通过人与自然、社会和心灵等诸多关系的调节而生发出礼乐文化、人伦文化、生存文化等。然后人对文化传承、习俗与文化的自然景观便产生了依依不舍的情感和怀念。青阳古镇建于北宋初年，历史悠久，名人辈出，是古往今来的文化、经济古镇，有大青阳小无锡之称。1949年以前青阳镇区寺庙庵堂殿观林立，有大庙、阁庙、猛将军庙、县城隍庙、都城隍庙、锦树观、慈力庵、凝秀庵、宝成庵、尚书庙、关帝庙、文昌殿等。此外，还有天主堂、基督教堂。这些庙庵堂殿观足以说明青阳古镇的繁华兴盛。青阳镇又位于澄锡运河的中途市埠，南来北往的商贾客船途经此处停泊休息，补充给养和交流。坐落在青阳镇的南新桥与北新桥这

图10　南新桥

两座古桥正是几百年间历史人文的倾诉者（图10）。

（1）南新桥

　　明万历四十二年（1614年），江苏学政（时为南直隶）移驻江阴，辖管八府三州生员考试。同时江阴学政直考常州府下八县秀才（武进、阳湖、宜兴、荆溪、无锡、金匮、江阴、靖江），有江南6县儒生须

经青阳到江阴应试,行船也必过青阳市河上的三座桥。第一座桥就是南新桥, 船过南新桥,桥堍有座尚书庙、关帝庙,考生停船靠歇,进庙焚香拜佛,祈祷应试能连中三元(解元、会元、状元)。在江阴考试结束后,也要在青阳停靠上岸,再次进庙登殿焚香还愿,并祈求下次考试能够中举人、进士乃至状元。由于每年考生不断,青阳寺庙殿堂庵香火旺盛。万历四十七年(1619 年)遂将南新桥改名为三元桥,取意"连中三元",凡经此桥的考生连考连中。

现在走上三元桥,虽说许多石块已经缺失,石块中间还长满了杂草,桥根处杂树茂密,但依然可以感受到三元桥的高大雄壮(图 11)。

图 11　南新桥桥顶与桥心图案

(2) 北新桥

北新桥上可见青黄石色错综交叉,始建于明代的古桥在四百多年的历史中经历了多次的重建重修(图 12、图 13)。北新桥旁有猛将庙、凝秀庵。前有戏楼,每逢庙会,戏班登台演出,盛况空前。北新桥又名迎秀桥,跟三元桥一样,都与古代秀才科举应试有关。旁有文昌殿魁星阁,"魁星"一直是登榜中魁之明神,魁星阁飞檐高瞻,壮丽巍峨,大殿上供奉魁星神像,考生途径此桥必上岸拜谒魁星,特别是应试得中的秀才荣归返乡时,必来北新桥靠岸,再次进庙登殿焚香还愿,敬谢魁星,故此桥为"迎秀",取意迎接秀才。在科举应试的年代,轻舟毗连,桅灯如星,才子云集,群贤毕至,青阳是何等风光。

图12 历经沧桑的古桥

图13 北新桥桥顶与桥心图案

从北沿河老街抬步迎秀桥的台阶，向东走下一层层台阶就到了桥东的北弄老街。北新桥旁的猛将庙后来改成了凝秀小学。在市河东侧的北弄和南弄老街梢，都有一扇半圆巷门各据一头。北弄旁，还有一处让老人们记忆犹新的"抽礼堂"（谐音），这是一个劝人为善的地方，如果谁家有犯了错或是不听话的人，家长都喜欢把他送到这里来，不许抽烟，不许喝酒，这里有一套严格的教规，足可以改变一个人的坏习惯。

4. 古桥的现状与保护

旧时青阳老街最热闹的老中新桥已经完全拆除重建成青阳桥了，当时有着"一桥六坡十码头"、极富有江南水乡罕见特色的桥已经消失了，而留存的锡澄运河南北新桥作为千年古镇青阳标志性古建筑之一，现如今桥却是杂草丛生，树根攀绕，石头桥面隆起，扶栏倾斜，一片狼藉，贯穿整个古镇的老锡澄运河，早已冷落却仍静静流淌，昔日的繁华一去不复还。

绕着南北新桥周围的老街走一遭，即能感受到以前青阳镇的昌盛，幸而 1958 年锡澄运河向西改道，2 公里多长的老市河及青阳老街得以安然保存。青阳古镇历史久远，而两桥之间也是昔日繁华古镇的大致范围。伴古桥而生的历史人文，在不久的将来或许能进入大众的视野，让更多人探访那段悠悠远去的岁月。

参考文献：

[1]（清）陈延恩，金成 . 续修 . 江阴县志 [M].（清）李兆洛等 . 纂 . 南京：凤凰出版社，2011.

[2] 江苏省文物局 . 江苏省文物保护单位记录档案 [G].

作者简介：

王彦匀，助理工程师，江阴市建筑新技术工程有限公司，江阴市暨阳路 15 号，邮箱：384994689@qq.com。

08 仰圣之思
——徐霞客故居及晴山堂石刻

吴旻昊　马莉　张志强

"旷世游圣"徐霞客的故居及晴山堂石刻坐落在江阴马镇南阳岐村东端（图1）。徐霞客故居所在的霞客镇马镇地区，位于江阴市东南，交通便利，这里为历代驿站所在地，公差在此休息及更换马匹，故称马镇。始建于明代，明末遭遇兵燹，顺治年间重建，1985年大修。故居内有400年前徐霞客亲植的罗汉松，有晴山堂、崇礼堂、徐霞客墓、胜水桥等名胜古迹。徐霞客故居及晴山堂石刻为全国重点文物保护单位、省爱国主义暨德育教育基地。徐霞客故居与晴山堂相距约百米，两地间由建于2000年的仰圣园（徐霞客游记碑廊）将他们有机地连为一体。其北距马璜公路约1公里，距江阴市区30公里，南与无锡市交界，距无锡市区16公里，东濒马镇大荡，西为马公河，是一处农舍整齐、绿树成荫、环境幽美的村庄。故居、晴山堂、胜水桥，分布在东南、西南、北三个方向，占地面积20余亩。

图1　徐霞客故居

1. 徐霞客生平介绍

徐霞客，名弘祖，字振之，号霞客，南直隶江阴（今江苏省江阴市）人。明代杰出的地理学家、探险旅行家、游记文学家。经 30 年考察撰写了 60 万字地理名著《徐霞客游记》，被称为"千古奇人"。《徐霞客游记》中对各地名胜古迹、风土人情都有记载。徐霞客游记开篇之日（5 月 19 日）被定为中国旅游日。

明万历十四年（1587 年）1 月 5 日，徐霞客出生于一个没落士绅家庭，卒于崇祯十四年（1641 年）5 月 8 日。自幼聪慧过人，好读书。15 岁博览祖遗"绛云楼"藏书，特好古今史籍、地志图经，立远游五岳之志。22 岁开始出游。37 岁以前，游历了北方的泰山、嵩山、华山、恒山、五台山，南方的黄山、庐山、普陀山、天台山、雁荡山，最远至福建的武夷山，后花费更多精力对地理现象进行考察研究。年届五十，立志考察西南地貌，跋涉"蛮荒"。崇祯十年（1637 年）正月十九日，徐霞客由赣入湘，从攸县进入今衡东县境，历时 55 天，先后游历了今衡阳市所辖的衡东、衡山、南岳、衡阳、衡南、常宁、祁东、耒阳各县（市）区，三进衡州府，饱览了衡州境内的秀美山水和人文大观，留下了描述衡州山川形胜、风土人情的 15000 余字的衡游日记。足迹遍布于崇山峻岭之间，山中绝粮，吃野菜野果为生；无处投宿，就以山洞树林为家。攀绝壁，涉洪流，探历 100 多个石灰岩溶洞，认真记载，是世界上对石灰岩地貌（又称喀斯特）进行大规模考察、并留下详细记录和深入研究的第一人。他对石鼓山和石鼓书院的详尽记述，为后人修复石鼓书院提供了珍贵的史料。他横穿云南，对金沙江、澜沧江、丽江等诸水流实地调查勘测，肯定了金沙江为长江上源，纠正了儒家经典《禹贡》以岷江为江源之谬。还远抵云南边陲腾冲，对地下热能进行探访。明崇祯九年（1636 年），徐霞客远游至云南丽江后，因足疾无法行走，仍坚持编写《游记》和《山志》，基本完成了 60 万字的《徐霞客游记》。崇帧十三年（1640 年），病况愈甚，云南土司木增派人用车船送徐霞客回到江阴。崇帧十四年（1641 年）正月，56 岁的徐霞客病逝于家中。遗作经后人整理成书，广泛流传。

徐霞客一生志在四方，足迹遍及今 19 个省、市、自治区，"达人所之未达，探人所之未知"，所到之处，探幽寻秘，并记有游记，记录观察到的各种现象、人文、地理、动植物等状况。在国务院颁布的第一批 44 个重点风景名胜区中，25 处留有他的足迹。他先后登过 140 多座山，考察过 376 个岩洞，可谓"亘古以来，一人而已"。经编辑而成 60 余万字的《徐霞客游记》，其中所到之处涉及地理、地貌、地质、水文、气候、植物、农业、矿业、手工业、交通运输以及名胜古迹、风土人情等，这本书不但具有极高的科学研究价值，还具有很高的文学价值，被誉为"千古奇人"的"千古奇书"。

2. 徐霞客故居、晴山堂构造与布置

徐霞客故居及晴山堂石刻、胜水桥、故居内的罗汉松等均为明代之物，距今已有 400 余年。徐霞客故居始建于明代，为徐霞客祖父徐衍芳建造，是徐霞客出生地和少年时代生活和读书处。清顺治二年（1645 年）大修，后经历代修缮。万历四十八年（1620 年），徐霞客为庆贺其母重病初愈，在原故居西侧新建晴山堂（图 2），取"四月清和雨乍晴，南山当户转分明"之意。遂请人将祖上和自己收藏的元末、明两代名家书法手迹镌刻于石，嵌砌在晴山堂壁间，故称晴山堂石刻。天启五年（1625 年），徐母逝世，霞客为纪念贤母，又将自己请书法名家所写的手迹再次镌刻于石，以充实晴山堂石刻内涵，现共存 76 块。清顺治二年（1645 年），清兵南下，江阴民众正在抗清守城之际，江阴四乡发生大族人家的奴仆暴动，徐家亦遭难，宅园被焚，徐霞客游记（书稿）、诗集（钞本）也遭火劫。晴山堂屋焚毁，石刻幸存，由徐氏后裔移至徐氏宗祠保存。1949 年中华人民共和国成立至今，徐霞客故居及晴山堂石刻作为珍贵文物与四周环境一同得到了充分重视和保护。徐霞客故居及晴山堂石刻、胜水桥、徐霞客墓、罗汉松等，是徐霞客遗迹之一，是徐霞客活动的见证和遗物，具有重大历史、艺术和科学价值。

徐霞客故居及晴山堂石刻，位于霞客镇马镇南阳岐村东端，占地面积 20 余亩，建筑面积 500 平方米。清顺治年间徐之侄孙徐君铨重建，

后年久失修，至1984年仅存七间二进瓦房，1985年政府拨款大修。现有三进、十七间正房、两间厢房，为明式建筑。始建于明代，后经清、民国各代修葺。现存建筑有徐霞客故居、晴山堂石刻（图3）、徐霞客墓（图4）、胜水桥（图5）、罗汉松（图6）及近年新建的仰圣园（图7）等。

图2 | 图3
图2　晴山堂
图3　晴山堂石刻

图4 | 图5
图4　徐霞客墓
图5　胜水桥

图6 | 图7
图6　罗汉松
图7　仰圣园远景图

徐霞客故居占地1160平方米，有房屋三进，为明式建筑，硬山式。大门门庭悬挂着陆定一题写的"徐霞客故居"匾额，两边立有盘陀石。第1进面阔7间21.1米，进深6架6.4米，高4.6米。正中1间为通道，通道口建有门楼，门楼镌有"绳其祖武"砖额（图8），意为踏着祖先的足迹继续前进，比喻继承祖业；第2进面阔5间19米，进深7架7.4米，高4.8米，中间3间前有翻轩，正中1间后有大型墙门，建有砖雕门楼。门楼庄严肃穆，大气又不失江南水乡的隽秀，额匾处刻有"承前裕后"的砖刻（图9），意为承前启后，继往开来，为祖先增光，为后代造福。取意后辈光宗耀祖的美好希冀。第3进为正厅，名"崇礼堂"（图10），面阔5间19米，中间3间为敞厅，进深8架10.8米，两侧梢间各进深7架9.4米，高5.2米。徐霞客故居建筑结构以第3进"崇礼堂"为代表，明间东西两梁架为抬梁式，有前廊后轩，举折较为平缓。

图8 | 图9
图8 绳其祖武
图9 承前裕后

厅内柱头皆有卷杀，上置栌斗承梁。柱略呈梭形，径0.32米，下置直径0.46米，高0.32米之扁圆形素面青石鼓磴，下垫素面直腰连础之覆盆形青石礩。梁扁作，四界梁采用二拼缝之月梁，置于柱头栌斗上，梁下设梁垫。梁背上施大斗承山界梁，山界梁上置坐斗，承托脊桁，饰山雾云。前廊之檐柱与金柱间以月形梁连结。后轩则为扁作船篷轩，轩梁上置坐斗、荷包梁等。"崇礼堂"前天井东、西两侧为侧厢，各面阔2间5.5米，进深5架4.9米，高3.7米。第1、2进及2、3进间均有花园。在故居第3进正厅前天井东侧有1棵已有400

年历史的罗汉松,为徐霞客祖父从京城带回的盆景,后由徐霞客取出地栽。徐母为鼓励儿子寄情山水、献身于科学事业,启发徐霞客将它移栽于庭院内。距今已有四百五十余年了,是故居百年沧桑的唯一见证。第3进后为后花园。

图10 崇礼堂

晴山堂位于故居之南,面阔3间10.8米,进深7架10米,高5.8米,为1977年重建的仿明式建筑,建筑面积108平方米。晴山堂石刻嵌砌在晴山堂南、西、北3面壁间,有石碑76块。堂前为花园,堂后是徐霞客陵园,园内遍植名枝佳卉。徐霞客墓为1978年移建墓,1985年按《徐氏宗谱》所附墓制图重建。墓前有高2.7米的徐霞客全身雕塑像。两侧各建卧式纪念碑1块。东侧1块刻有原国家主席李先念"热爱祖国,献身科学,尊重实践"的题词;西侧1块刻有潘琪同志所书徐霞客生平碑文,整个墓陵肃穆幽静。

胜水桥,位于晴山堂之东号称360亩的水网内泽要道上。始建于明代,桥长19.40米,宽2.50米,架在徐霞客故居前的枕塘河上,为徐霞客遗迹之一。单孔石平板桥,在桥墩两侧石柱上各有桥联一幅。据记载,霞客每次乘船出游,他母亲都要在此送行告别。胜水桥1985年重修,但依旧保持着明代江南小桥的风格,静静地横卧在湖面上,历经着沧海桑田,时光流转。

仰圣园是家乡人民为了表达对"旷世游圣"徐霞客的敬仰和纪念,从1999年起,江阴市着手筹建的仰圣园(徐霞客游记碑廊,图11),于2001年5月30日建成对社会开放。该园位于徐霞客故居和晴山堂之间,园内湖面开阔,环湖有曲廊、水榭、扇轩、廊桥以及厅、亭等仿明建筑,将故居和晴山堂有机地连为一体,形成占地20亩,内涵丰富、品位高雅,具有一定规模的徐霞客故里景观区。其中的徐霞客游记碑廊长250米,以《徐霞客游记》中的名段佳句为主体碑文,

图 11 徐霞客游记碑廊

由总序、游记、附录、后记四部分组成,计132个条目135块碑刻。碑廊的书法名家阵容强大,计130余名,代表了当代中国书法的最高水平,它与明代的《晴山堂石刻》古今合璧,互相辉映,形成内在的延续与发展,具有很高的文化品位和艺术价值。

3. 浅析晴山堂石刻

晴山堂石刻藏于徐霞客故居西南约百米的晴山堂壁间。徐霞客为纪念慈母,请人将母亲和自己收藏的元、明两代名家的书法手迹镌刻于石,彰显祖德、咏颂母德。徐霞客从泰昌元年(1620年)开始搜集祖上遗文,到崇祯六年(1633年)刻石竣工,历时十三年之久。石刻最早的从元末明初著名诗人、画家倪瓒于洪武三年(1370年)所题的《本中书屋图》,到崇祯六年(1633年)国子监祭酒谢德溥所题的《秋圃晨机为徐儒人赋并赠霞客北游》,跨度达263年。

晴山堂石刻通过诗、辞、赞、序、咏、纪、跋和墓志铭等各种不同文体,记载徐氏家族史及明末社会现象。如:徐霞客第九世祖徐麒以白衣应诏,出使西蜀,招抚羌人,功成身退,时人高之;第十世祖徐恁家称素封,不以财富炫耀,隐迹农村,诗书自娱,出谷赈灾,进鞍马助边,时人赞之;第十一世祖徐颐以重金延请四方名士为子孙授业,问津科举,角逐科场,一搏金榜题名,时人咏之;第十二世祖徐元献、第十三世祖徐经,皆能文好学,弱冠中举,英年夭亡,时人惜之;最后是第十七世的徐霞客为庆母寿,以《秋圃晨机图》为中心,广请四方名士的题咏之作。

晴山堂石刻共收录了88位大家题记诗文94篇,这88位大家中,进士及第者55人,一品内阁大学士11人,帝王侍读讲学之士17人,各部尚书9人,国子监祭酒5人。明代公认的13位书法大家中,晴山堂石刻就留有其中8位的墨迹,几乎囊括了明代各时期名士的手笔,故而清代大学者张之纯惊叹道:"与唐碑宋碣并重"。石刻中还有一代文宗宋濂及李东阳、杨荣、胡广、杨士奇、顾鼎臣、黄道周等一品朝臣的题赠和诗文。另有周延儒、曾荣、吴宽、钱福、刘若宰等状元的诗作墓铭,张大复、李维桢、夏树芳的诗文,这些作品都具有极高的艺术文化价值。徐霞客在旅游的同时用了十三年时间收集整理后,请梁溪何世太摹勒上石,藏于晴山堂内。石刻中正、行、草、隶各种书体各扬其长,加上精湛的雕刻工艺,因此在书法艺术上具有极高的声誉。晴山堂石刻经无锡和江阴的"徐霞客"研究者整理后于,1995年由上海古籍出版社以《晴山堂法帖》出版。

晴山堂石刻的书法价值主要体现在三个方面:

首先,收集并保存了一大批元、明著名书法家的真迹,这些书法家在中国书法史上享有极高的地位。其手迹被收入《晴山堂法帖》的有:杨维桢、宋广、宋克、沈度、文征明、祝允明(图12)、董其昌、米万锺、张瑞图(图13)、黄道周等。

其次,收集并保存了一批元明大文学家、大画家和著名的政治人物的真迹。这些人在书法方面的名气被其他方面的名气所掩盖,但是其书法的成就也相当高。比如,倪瓒是我国元代最杰出的四大画家之一,其书法颇有造诣。又如,宋濂是明初杰出的文学家,文章写得极好,他的书法相当精妙。

第三,由于法帖是以书写者的真迹直接勾摹上石,又请碑刻高手镌刻而成,所以比较好地保存了书法作品的原貌,能看出书家的精神,因此具有极高的书法价值。它不像同时期有些刻帖辗转翻刻,原作的精神面貌荡然无存。

举例而论,黄道周和徐霞客是生死莫逆之交。黄道周(1585—1646年),漳州人,字幼玄,一作幼平或幼元,又字螭若、螭平、幼平,号石斋。幼年刻苦读书,入仕后"以文章风节高天下,严冷方刚,不偕俗流",为弹劾魏忠贤上疏十三次,曾因触犯帝怒,被降职入狱,流放广西。南明首都南京失陷后,他到江西征兵,力图北伐恢复大明。在婺源与清军交战时被俘,临刑前以血书表明心迹,慷慨就义。他与徐霞客相互倾慕,结下了很深的友谊,《晴山堂法帖》收录的黄道周书法之多,就是最好的证明。

黄道周是晚明四大最著名的书法家之一,他在行草书和小楷方面的精进,使后人不得不叹其卓绝。他作书如戈戟森厉,极强调紧迫的恹笔习惯,结构不外拓以求佻达,也不求柔润以图妍媚,在同是帖学风气下的明代书坛可谓独树一帜。其力量感与压迫感似乎反映出乱世颠沛的情态来,既与文、董诸公的舒畅文雅决然有别,也与徐渭式的粗放豪迈拉开了距离。

晴山堂石刻中的黄道周石刻书法有《书徐振之诗》《灯下依韵和徐振之诗》《赠徐霞客·天下骏马骑不得》三则(图14)。前两则为徐、黄的唱和诗。黄道周首先抄录了徐霞客的五首诗,并以跋语对其做了高度的评价,然后再抄录自己的五首和诗。所用的书体是楷书,但富有奇崛之气,可以看出是从钟繇小楷中变化出来的。后一则为行草书,字体倾斜,字间结密,行间宽绰,特色鲜明。在最后的跋语中写道:"徐霞客携小舟追余至丹阳,感念昔日万里造膝,今复依然,得陈宿诺,为之道故,不觉成篇。崇祯三年二月既望,漳海石人黄道周急就章"。这更为我们记载了这两位旷世奇人交往情深的一段佳话。

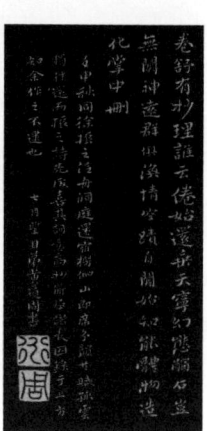

图12 | 图13 | 图14
图12 《晴山堂刻石》之祝允明书
图13 《晴山堂刻石》之张瑞图书
图14 《晴山堂刻石》之黄道周书

晴山堂石刻为我们展示了明代各个时期、各流派书家的不同风格,使我们看到了书法这一中华传统文化色彩斑斓的发展图景。

4. 结语

"癸丑之三月晦,自宁海出西门,云散日朗,人意山光,俱有喜态"。这是《徐霞客游记》的第一句话,也从宁海开始,用双脚丈量着山川河流,用文字记录着波澜壮阔,为后人打开了探索世界的大门。徐霞客一生志在四方,与长风云雾为伴,以天为被,以地为席,遍访天下名山大川,"途穷不忧,行误不悔,瞑则寝树石之间,饥则啖草木之实,不避风雨,不惮虎狼"的大无畏探险精神,值得我们学习和弘扬。他所留下的《徐霞客游记》和"晴山堂石刻"有着极高的历史价值、科学价值和独特的艺术价值,更有着深刻的文化内涵,也必将在中国的文化长河中熠熠生辉。

参考文献:

[1] 朱钧侃,潘凤英,顾永芝.徐霞客评传[M].南京:南京大学出版社,2006.

[2] 晴山堂法帖[M].北京:中央文献出版社,2006.

[3] 楚默.元明书法史论[M].上海:上海三联书店,2008.

[4] 黄淳.中国书法史元明卷[M].南京:江苏教育出版社,2009.

[5] 陈振濂.品味经典•陈振濂谈中国书法史[M].杭州:浙江古籍出版社,2006.

[6] 何侠斋.《晴山堂法帖》的书法价值初探[J/OL].2012(08).

作者简介:

吴旻昊,工程师,江阴市建筑新技术工程有限公司,江阴市暨阳路 15 号,邮箱:907794154@qq.com。

09 锁航要塞 江上雄关
——江阴黄山炮台

张志强

江阴是一座江防古城。黄山属群山之冠,江阴属春申君黄歇封地,故名"黄山"。江阴黄山在距城区 2.5 公里的长江边,地处长江南岸,位于南京、上海之间。其地势险要,江面最狭处宽仅 1.25 公里,也是长江下游最狭之处,素有"江海门户""锁航要塞"之称,为历代兵家必争之地。山上建有炮台,构成了江阴要塞的主体,名为黄山炮台

图1 全国重点文物保护单位——江阴黄山炮台标志牌

(图1)。百年烽火化作宁谧港湾,昔日厮杀换成和平颂声,这便是如今的黄山炮台。

1. 炮台分布

黄山炮台的地势和炮台分布情况如图2、图3所示。

2. 黄山炮台的基本情况

江阴黄山东西延伸约3公里,南北连绵1.7公里。山上有鹅鼻、席帽、

马鞍、龙头诸峰,最高海拔91.7米。山下有黄沙、大石、小石等江湾。黄山西邻君山,东连肖山、长山。

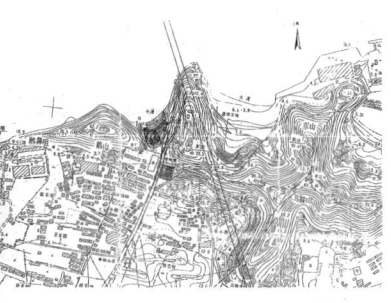

图2｜图3
图2　黄山炮台地势图
图3　黄山炮台分布图

目前整个黄山炮台尚存国民党时期钢筋混凝土结构炮台12座,机枪工事3处,观察所1座,弹药库3间(图4),由西向东,分布在各个山头(君山2座)。有的依石壁凿垒,有的就山势而筑,有的巷道深长,有的洞室连接弹药库,结构巧妙,千变万化。此外,还有三合土构筑的明清古炮台(堤)遗址2处(500多米)、清末由两江总督张之洞督建的混凝土炮台3座。

图4　黄山炮台旧址

黄山炮台旧址主要有三个时期的军事构筑物:

一是明、清古炮台遗址,分布在大石湾(长约350米,被泥土复盖)与小石湾内(长约180米,东段清理,其余仍在地下),为三合土质地,炮室顶已残,有炮座、滑轨等设施。1997年,江阴市政府投资200多万元对小石湾古炮台进行修复，按照清同治十三年（1874年）西方样式的暗炮台原样式、原材料修复，炮台以糯米浆、石灰、黄沙加明矾为主要原料，浇筑时在墙体和顶部辅以原木以增加其牢度。一般墙体厚1米左右，弹药库墙体在2米以上，而其顶部和前面墙体达2.5～3米。修复后的古炮台陈列着出土的四尊万斤"耀威大将军"古铁炮，还有弹药库、挑水沟、储水井、炮堤等。

　　二是清末两江总督张之洞督建的半周式炮台，东山2座，西山1座。东山炮台与西山炮台大小完全一致。炮台为混凝土质地，旁建有弹药库，保存完好。炮台为腰形，低于地面约1.5米左右。置炮处有麻石槽排成半周形，直径近6米。石槽深约10厘米，宽约28厘米，槽内有方形孔3行。内圈方孔紧靠槽壁半圆齿孔，计30个。中圈方孔亦为30个。外圈方孔计32个，排列有序。石槽上阴刻有一到九编号中文字，自西向东排列，石槽应为安置火炮的传动装置的基础。东侧有巷道，深约10米，内有弹药库约18平方米。分内外两间，外顶部用泥土覆盖。

　　三是民国时期的炮台，规模最大，保存最为完整。自西向东分布在数公里范围的各个山头。龙头山有6座，东山、大馒头山各1座，鹅山2座，君山2座，共计12座。另外，西山顶尚有巷道和弹药库1座，龙头山自东向西机枪掩体3座，弹药库3间，席帽峰炮台总台观察所1座，基本保持了民国时期要塞炮台总台的布局。除君山2座稍有残缺外，其余连同观察所、机枪工事、弹药库保存均为完好。

3. 黄山炮台的历史沿革

　　据史记记载，早在二千五百多年前的春秋时代，就在黄山席帽峰筑石室建烽火台；东晋时在山湾驻泊水师；南唐罗晟、南宋抗金名将岳飞、韩世忠、刘世光等先后在此屯兵驻防；辛弃疾考察黄山附近地形后撰写专著《论阻江为险需藉两淮疏》；明太祖朱元璋在巫子门大破张士诚；明嘉靖年间为防倭患，始在黄山的大石湾、小石湾构筑炮堤。

　　明末内忧外患，崇祯帝任用德国传教士汤若望造炮，加速了配套设备的发展。江阴自崇祯八年（1633年）就开始在黄山大小石湾修筑炮堤，配置红夷大炮、靖氛炮11门，江阴炮台正式进入草创时期。康熙三年（1663年）正式在黄山及巫山、夏港等处设置炮台，这是黄山筑有炮台的开始。康熙十二年(1673年)又在黄山、萧山等处设烟墩22个，以便瞭望，防海盗侵犯。乾隆年间，在长江南北两岸设有绿营军驻防的35个汛，计南岸15个、北岸20个，每汛编制二至五人，少数建有木楼，备有巡舰。

道光二十年（1840年）鸦片战争爆发，江南提督陈化成在吴淞积极设防的同时，又在江阴增修石碑，并在黄田港等处设炮台；后又在小石湾赶修小炮台2座，此时，英国舰队正大摇大摆入侵长江沿岸，陈化成在吴淞英勇战死，素抱"不抵抗政策"的两江总督牛鉴竟急急下令将大炮拆除，以致"长江第二重门户"的江阴要塞成为了英国舰队自由出入的通道。

道光二十三年(1843年)，由于英军的侵略扩张，江边修筑炮15座，自鹅鼻嘴起历大小石湾迄黄山，配置江苏管理炮局所铸"耀威大将军"万斤铁炮及"振抚将军"五千斤铁炮数十尊。咸丰三年（1860年）四月十二日夜，太平军将领黄文金、李远继率十万余人，从常州沿江进攻江阴，黄山炮台在鏖战中台毁炮失。同治十二年(1873年)，日本公然出兵侵占我国台湾，东南沿海局势紧张。清政府为防止敌舰由长江入侵，在筹建海军和加强海防的同时，命提督吴长庆在黄山的大、小石湾、仙人桥及其对江傍堤，仿照西方式样构筑暗炮台。光绪九年(1883年)，提督张景春设立水炮台，可抵近敌船射击，借以延伸火炮射程。光绪十三年（1887年），南洋大臣曾国荃奏准添筑东西两山明炮台。

光绪二十年(1894年)，爆发中日甲午战争，两江总督张之洞鉴于长江为南洋门户，江阴尤为中路扼要之区，选派洋教习来江阴"优给薪粮"，驻台教习练操。

1912年10月19日，孙中山先生视察黄山炮台，为增强江防力量批拨专款，逐步将土炮台改成"洋炮台"，并正式划黄山为军事要塞。1916年袁世凯窃国称帝，激怒了国民，年仅18岁的杨闇公（杨尚昆之兄）秘密到炮台策动官兵起义反袁。

1925年4月,第二次齐卢战争后,奉军旅长毕庶澄趁机拆卸一部分大炮机件,连同小炮等一起运走。

1932年初,日本侵略者不断在上海制造事端,"一二·八"淞沪抗战爆发后,国民党政府拟订了江阴要塞步炮兵战斗实施法,开始修筑江阴至巫山间四条军用支线,全部路线长约50公里,大小桥梁十余座,涵洞一百余座,花费旧币一万余元。

1935年冬,国民党八十七师构筑锡澄线江阴附近工事,并修筑福山至苏嘉乍浦国防线的北段工事,宋子文向礼和洋行订购的福斯炮厂移动式十厘米要塞炮12门,于1936年运抵江阴要塞,直到日本发动第二次淞沪战争。1937年9月至11月,要塞官兵配合海军与日本侵略者进行了为时三个多月的海空激战,江阴要塞炮台及其防御工事大部分被毁。12月2日要塞失守时,由抗日守军将要塞炮及器械拆卸一部分,并将火炮工事销毁,以免陷入敌手,炮台被日军炸毁。

1939年,陈毅同志夜过江阴,遥望国防废垒,写下了"江阴天堑望无涯,废垒犹存散似沙。客过风兴敌惶急,军民游击满南华"的动人诗篇。1945年日军投降后,江阴要塞炮台由国民党军队重建,配备了一个守备总队,下设3个大队和1个重火器中队,约3000人,国民政府国防部拨最新型活动机械化炮20门,有3个大队,每个中队有3~4门炮。随着战争形势的发展,蒋介石有意识地加强江阴要塞军事力量。1948年6月,由时任国民政府国防部陆军总部少将军械处长戴戎光接任江阴要塞司令。要塞的兵力和火力有所加强,配备100毫米榴弹炮和100毫米加农炮各12门,以及三七战防炮16门,二五机关炮2门,共42门,正式编成江阴要塞炮兵总台,人数约千余人,相当于一个重炮团。1947年10月,修筑由后塍至常阴沙十一圩港公路,以便车辆及火炮运行。辽沈、淮海、平津三大战役后,国民党南京政府企图凭借长江天堑,负隅顽抗。

1949年4月21日,中国人民解放军百万雄师横渡长江,黄山炮台官兵在我党地下工作者的策动下,举行了名震中外的要塞起义,有效地配合了解放大军的作战,促使国民党军防线的迅速瓦解。

4. 黄山炮台的保护

江阴黄山炮台的构筑历经几个朝代，四百余年，历史悠久，规模宏大，保存完整，有重要的历史和军事研究价值（图5）。

而今江山换貌，炮台废垒犹存。黄山炮台遗址现尚存12座钢筋混凝土炮台，成为一组完整的要塞炮台群。1982年，江苏省人民政府公布，江阴黄山炮台列入省级重点文物保护

图5 修复后的黄山炮台

单位，同年8月，江苏省拨款0.5万元，江阴县拨款22.5万元，拓建环山公路，对一些受破坏的遗址进行了修缮。现存大、小石湾和席帽峰南麓、西山嘴等多处明、清时期所建三合土炮堤、炮台及其他构筑物遗址；东西山北坡，清两江总督张之洞所建混凝土结构的炮台3座，其他各山头民国以来重建和改建的混凝土炮台包括隧道、藏兵室、弹药库等保存得较完好。

为了保护文物古迹，1983年，江阴市人民政府陆续拨款修建了5米宽、3000米长的盘山混凝土山道，新建了黄山公园门楼和黄山博物馆、望江亭、盘石溪流、陈毅诗词碑等景点，使历尽沧桑的古炮台大为增色，成了众所瞩目的游览胜地。

1986年12月至1987年5月，江阴市博物馆在小石湾古炮台西出土清道光二十三年造"耀威大将军"铁炮。1988年5月至7月江阴市博物馆清理小石湾古炮台东段，清理出炮室6个，弹药库4间及铁弹丸、炮弹等。1988年，江苏省拨0.5万元，江阴市拨13万元，1991年，江苏省拨2万元，加固小石湾古炮台，建防护围墙、铁丝网、修建水泥道路。

1997年，江阴市政府为加大保护力度，在江苏省文管会关心支持下，对黄山小石湾古炮台遗址进行全面保护和修复，将同治十三年

（1874年）提督吴长庆依照西方样式构筑的暗炮台遗迹，按原样式、原材料修复三分之一，其余保留昔日风貌。全部工程耗资200万元，1997年5月开工，1998年7月竣工。

2013年，江阴黄山炮台被列入第七批全国重点文物保护单位。

作者简介：

张志强，高级工程师，江阴市建筑新技术工程有限公司，江阴市暨阳路15号，邮箱：444597973@qq.com。

10 江阴名园
——适园

刘庭风

适园位于江苏长江南岸的江阴市，是江阴硕果仅存的古典园林，因为地理位置原因，长期不为世人所知，以致声名湮没。笔者通过考察得窥全貌，著文以抛砖引玉，求诸业内更为深入研究。

1. 适园历史及人物

适园，又名陈家花园，位于江阴市南街33号，园宅约合0.46公顷（7亩余），园占地2260平方米。园主陈式金，世代书香，乃文章泰斗、翰林陈荣绍之弟，道咸间著名书画家和书画鉴赏家，字子和，号寄舫，授同知发浙江，不赴。从小淡泊名利，醉心画事，初法王蒙，后近吴历，以山水著称。道光末年，以双倍钱购邻居宅基，以其书画理论，亲自督造槛舍，巧筑园池。咸丰四年（1854年）园成，因"无意为园而适成之"故名适园。陈居园挥毫，妙笔生花，佳作频出，在园中著有《适园自娱草》《鸥香馆诗钞》《梵隐堂诗集》等。咸丰十年（1860年）9月，太平军占领江阴之后，陈举家避难苏北达5年，适园被太平军据为王府。同治二年（1863年）9月，江阴血战，毁屋无数。陈归宁后宅毁屋损，幸园池仍在，稍事修葺，以供家居。

第二任园主陈曦唐（？—1912年），陈式金之子，字燮卿，亦擅丹青，工山水花鸟，光绪元年（1875年）中举，光绪十二年（1886年）二甲第34名进士，授工部营缮司主事，次年游历西洋，归国后奉母命绝意仕途，在礼延书院和西郊书院担任主讲。曦唐补廊培屋，移树浚池，历10年悉复旧观。其兄弟陈颐乐亦擅画事，优游园林，缪荃孙之《陈燮卿观察传》有详述。

至抗日战争，江阴失陷，园林遭损。此后年久失修，日渐荒芜。20世纪60年代初，划归政协，几经修葺，渐复旧颜。"文化大革命"时为印刷厂宿舍，园幸免于难。20世纪80年代重建水流云在之轩，增设室外回廊，并征地七分，植葡萄，栽名卉，聘名人，题景名，始成今局。

陈家世代人才辈出，尤擅笔墨丹青，兼工诗词。陈氏孙辈陈名璋、陈名发、陈名廉、陈名琇、陈名珂、陈名侃，曾孙辈陈以浦、陈以鸿等，或文坛高手，或画坛大家。名璋为江阴第一画家，名发擅书，名琇长书画，名珂兼诗书。光绪元年陈曦唐与堂侄名典、名珍、名侃4人同时中举，一时传为佳话。

2. 适园的规划布局

（1）山水

适园总体格局是北山南水，环园皆屋。山在西北，水在东南，合山高西北，水满东南，与八卦之位合（图1）。山以土筑，阔达485平方米，高达五六米，不依边墙，不占角落，与拙政园、留园、狮子林等邻西边界筑山的做法显然有异，一山中起，环山为路，皆可仰观，然此等筑山，须有较广阔面积（图2）。山脉西高东低，东、南、北3面有路可达山顶。顶巅为平台，立石桌石凳，以供

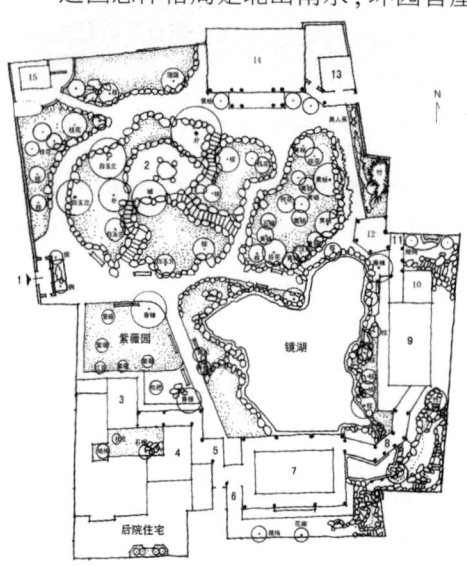

1—门楼 2—假山 3—适安斋 4—秋入满波 5—后院门廊 6—王羲之换鹅碑
7—水流云在之轩 8—香廊 9—响秋 10—易画轩 11—倪云林山水石刻
12—得爽亭 13—房舍 14—得蝶绕云山馆 15—厕所

图1　适园总平面图

休憩，以供远眺。此台借景尤妙，环顾园内，丛林茂盛，水波不兴，轩馆曲廊，石峰趋奔。山势西来东走，西峰高耸，东峦低伏，峰峦之间，夹以幽谷，谷道曲折，宛若天成，称合画意。

东峦之南，凿潭一泓。掏低就高，为中国园林土方平衡不二之法。山水之间，绕以小径，山势南延，成为半岛，几个峰石耸立，以示突出，与山水绘事平远图式相合。水池广 275 平方米，平面呈蝴蝶形，环池以太湖石砌岸，峰石或伸入水中，或退在岸边，中峰起，侧峰随，离石衬，与画意甚近。环池石组并非处处为峰，重点在岸之西北、西中、北半岛、东北、东中 5 处。东部正中出水湾一隅，不过 1 平方米水面，架以石板，绕以曲岸，石梁如虹，片水如湾。湾南集石峰五六，植以棕榈，狭径只容一人，北松南紧，北平南高，妙不可言（图 3）。

图 2 | 图 3
图 2　土山蹬道
图 3　水湾

水口东南，架以廊桥，桥外不过几尺水面。水角恰逢园东南角，以太湖石堆山构洞，广仅 80 平方米。山依壁而筑，平面狭小，最宽不过 5 米，如龙蛇三曲，长达 27 米。山体高近 3 米，悬崖危垂，蹬道曲折，石梁飞架，洞府森森。洞口一南一北，东走北折，长达 20 余米。因基地狭小，洞边叠石为道，洞顶覆石为台，谷间架石为梁，路径长达 60 余米，如此立体做法，堪称杰作（图 4）。

在园东北一角，屋后狭地，叠石为峰，峰顶一台，恰与东南山和西北山相呼应。山虽小，然依旧构架石梁，穿小洞，叠蹬道，危耸有加（图5）。峰孤立无倚，似不合法度。

图4 | 图5
图4　石梁
图5　东北石山

如此一园筑三山，水居中，山占角，形成三山环一水之势。土山居园之西北，石山居园之东南、东北，一者呼应，二者借景。因园内无楼阁借景，故以堆山借景，合《园冶》之借景为"林园之最要者"。

园中用石，以太湖石为主，环池皆为太湖石驳岸，东南、东北假山亦以之构筑。唯土山蹬道皆以黄石立峰，以示区别。

（2）建筑

园中建筑依文人园之制，粉墙黛瓦，简约而已。主体建筑在水之南，周匝为廊，内有厅堂之用，虽名轩，实为榭。北对山峦，隔山与得蝶绕云山馆相对。一轩一馆皆用"云"点题，中间为山，取云绕群山之意。轩左右出曲廊，东向跨水为廊桥，曲折而北接书房两楹，大者名响秋，小者名易画轩，为当年陈式金读书作画之所。易画轩前构直廊三楹，北与得爽亭相接。得爽亭为半亭（图6），平面六角，一面临墙，墙上嵌明镜一方，用以倒影园池及水榭（图7）。

10 江阴名园——适园

图6 | 图7
图6 得爽亭
图7 镜中倒影

水流云在之轩西面接曲廊，一柱一曲，短短不过8米余，竟有五曲之多，尽显曲廊之妙。廊南向辟门，可通后院，跨入后院，别有洞天。廊西端接屋舍，名秋入潋波、适安斋。

园北主体建筑名得蝶绕云山馆，正对峰峦之间山谷，前出抱厦，北依园墙。馆舍东接短廊，再接小屋，屋后为后庭，以月洞为门。

主门在西，门楼极简，不过墙头加高，砌砖为脊，微翘屋角。门内当中筑影壁，开漏窗，窗后立湖石为峰，左棕榈，右枫树，一幅丹青妙作的框景。北向为小巷入口，南向为住宅入口。

园林建筑单体封闭，门少窗少，环睹四壁，粉墙而已，围合过甚，朴素有加，似乎园主欲把四壁筑成超然物外的铜墙铁壁，与苏派古园相去甚远。

（3）植栽

园中植物有：羽毛枫、棕榈、古藤、桂花、白玉兰、朴树、大叶黄杨、瓜子黄杨、芭蕉、石榴、罗汉松、竹子、美人蕉、蜡梅、花椒、红豆、紫薇、垂柳等。四季之果俱全：春之白玉兰，夏之紫薇、石榴，秋之枫树、桂花、红豆，冬之蜡梅。

基调树为香樟、朴树和棕榈。朴树高大，冠幅开阔，植于土山之上；香樟树形优美，婆娑多姿，立于水边；棕榈修直，亭亭玉立，植于屋前，形成横竖构图的对比。又有垂柳在水边，古藤越墙头，爬山虎攀墙壁，竹子依墙前，芭蕉立墙角。园中红豆一株，为当地名士谢龙升所培植，虽弱小而渊源匪浅。紫薇片植于适安斋前，时称紫薇园。桂花

73

亦以片植为主，突显秋桂飘香之景。园中峰石见峰不见石，皆以络石覆盖，为江南诸园所无。棕榈之多，也为江南仅见。

3. 解读适园景点与文化

（1）景名

适园素有八景之说：临轩观鱼、一潭印月、岸柳夹桃、镜亭倒影、梅林春色、空灵幽谷、丹桂飘香、蕉荫翠霞，皆为历代园主苦心经营之硕果。

园主性格定主题，园主嗜好关景名，园中无不彰显主人之性格爱好，正如《园冶》之"世之兴造，专主鸠匠，独不闻三分匠、七分主人之谚呼？非主人也，能主之人也"[1]。

池名镜湖，以镜鉴己，体现《大学》之修身齐家治天下的"修身"之要。再者，镜与静谐音，点出主人淡泊宁静之心态。于是，在得爽亭壁挂镜映池，以示宁"静"勿"躁"。

山顶有台名超然，老子道："虽有荣观，燕处超然。"苏轼曾筑超然台，手书《超然台记》言：据台可宛如"山居者知山，林居者知林，耕者知原，渔者知泽"，尽得其乐。苏公在《和潞公超然台次韵》中又道："吟成超然诗，洗我蓬之心。"明代嘉靖年间(1522—1566年)江苏太仓王世贞的弇山园、清乾隆年间（1736—1795年）山西阳曲王道行的金粟园皆仿苏公筑有超然台于园中。

水流云在之轩（图8），把行云、流水作为图画，取杜甫《江亭》"水流心不竞，云在意俱迟"之意。承德避暑山庄、同里陈御使府有水流云在轩、北京温泉乡显龙山顶皆有"水流云在"之景，康熙题《水流云在》："雨后云峰澄，水流远自凝；岸花催短鬓，高年寸寸增。"适园轩之扁额由著名书画家董寿平题，廊柱有第二代园主陈曦唐的对联："处阴休影，处静息迹；为鸟植林，为鱼凿潭。"甚妙。

适安斋（图9），典出商末遗臣伯夷叔齐不食周禄，隐居首阳山采薇而死时的《采薇歌》："登彼西山兮采其薇矣。以暴易暴兮不知其非矣。神农虞夏忽焉没兮。我适安归矣。吁嗟徂兮命之衰矣。"元代至元元年(1264年)陕西长安赵氏别墅中亦建有安适堂亦以表隐意。

响秋（图10）为陈式金父子书房，前植棕榈，秋雨拍叶，咚咚作响，秋雨落水，叮咚作响，故名响秋。《全唐诗》无名氏《寒流聚细文》云："猎猎风泠夕，潺潺濑响秋。仙槎如共泛，天汉适淹留。"洪昇在《长生殿》的《闻铃》写道："无边落木响秋声，长空孤雁添悲哽……铃声相应，阁道崚嶒，似我回肠恨怎平！"

易画轩是陈式金父子画室。咸丰朝状元、两代帝师翁同和闻陈式金大名，曾慕名求画。陈式金以画会友，广结人缘，随着求画者日多，陈遂立规矩：游园者须当场做诗，以诗易画，故名。

图8 | 图9
图8 水流云在之轩
图9 适安斋

香廊（图11），以四季花香、文人书香、画家墨香为题，南接夏景水流云在之轩，东接秋果响秋，15米之间居然五折，表明从夏到秋之间的过渡经过了许多节气，暗示文人格物致知和画家功成名就前的一波三折。另外，以廊桥锁住水口，为风水之制。

图10 | 图11
图10 响秋
图11 香廊

镜池平面似蝶，池南水起如云，北面山雾如云，故南云水流云在之轩，北云得蝶绕云山馆（图12），点出山、水、云、蝶的互动关系。

秋入潏波为紫薇园南的小室，与响秋室一东一西，同唱秋声。潏水，为陕西长安县东南的潏河上游，今皂河，汉晋之时，潏水三分，主流穿城西建章宫区，向北流入渭河，为建章宫内园林来水。一支流东经未央宫、桂宫、长乐宫，出青门，注漕渠，称沇水支渠。另一支流北折绕城西、城北两面入渭。一水三分，为汉朝宫殿、园林的生命之水，适园把满水与秋声相结合，用心良苦，其意昭然。

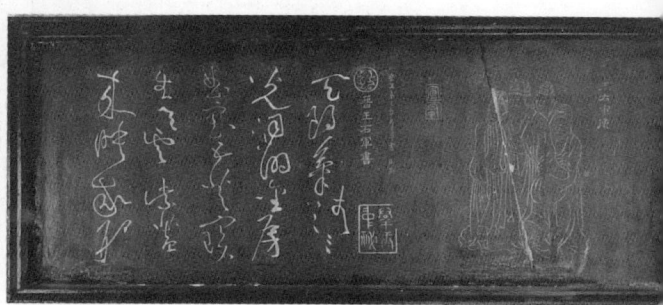

图12｜图13
图12　得蝶绕云山馆
图13　换鹅碑（局部一）

（2）园林碑刻藏作

陈氏父子善画善藏，专辟适安斋以藏历代名家字画。据载，适园藏有名人书画碑帖500余种。陈式金为之一一写题解，编为《自娱集》16卷。咸丰七年(1857年)冬，书法家何绍基专程到适园一睹陈式金家藏的石涛真迹，欲罢不能，执意借走，陈忍痛割爱，事后追悔不已。

为保存珍藏名作，陈式金特聘本地石匠张萃山把其中重要的20余种精品镌刻后嵌于廊壁，连同跋语共计40余方，后又刻李龙眠、孙过庭等人作品，直至咸丰十年(1860年)春告罄。无奈又逢太平军一役，毁之过半。园内之邓完白石印和吴山子砖印亦多。著名篆刻大师邓完白之子与园主为莫逆，于是陈氏得邓印24方，成为邓印馆藏之最。

现嵌于廊壁的换鹅碑（图13、图14），相传为晋代王羲之草体换鹅碑的一部分，原有8块，现余4块，真乃"飘若浮云，矫若游龙"。在得爽亭边的廊壁上刻有倪瓒的山水画（图15），碑长120厘米，宽33厘米，描绘河流两岸风条，尽显倪氏冰、净、寒、瘦、情风采。

图14　换鹅碑（局部二）

图15　倪瓒山水画

参考文献

[1] 计成著.陈植注释.园冶[M].北京：中国建筑工业出版社，1988.

作者简介

刘庭风，教授，景观理论及设计方向硕士生导师，天津大学建筑学院，天津市南开区卫津路92号。

注：原文发表于《中国园林》2008年第11期杂志，本文是在此基础上修订完成。文中图片均由笔者拍摄或绘制。

致谢：江阴市园林局周建荣科长协助测绘，提供《江阴陈氏适园展览纲》讨论稿和"适园"景点介绍，在此表示感谢。同时对参与适园考察和测绘的研究生李长华表示感谢。

11 刘氏兄弟故居
——近现代重要史迹

张志强　王彦匀

有着"衣冠文物之邦，东南人文之薮"的江阴，自古重文重教，钟灵毓秀，到了近代江阴更是人才辈出。"五四"新文化运动的主将、文学家、语言学家刘半农，中国现代民族音乐的奠基人、一代宗师刘天华，民族音乐大师刘北茂三兄弟，并称"刘氏三杰"。江阴的刘氏兄弟故居便是用刘氏后裔捐赠的祖籍故居改建的（图1）。

图1　刘氏兄弟故居

1. 刘氏兄弟故居的地理位置

刘氏兄弟故居坐落于江阴市区西横街与人民中路相交处（图2）。人民中路到了刘氏故居门前分成南北两条单行道，从而成一个绿岛，刘氏兄弟故居就坐落在绿岛上。院落的正门口镶嵌着原文化部部长朱穆之题写的馆名"刘氏兄弟纪念馆"。

2. 刘氏兄弟故居的基本情况

刘氏兄弟故居由刘氏兄弟曾祖父刘荣建于清末，距今已有150余年。故居为典型的晚清江南民居，坐西朝东，青砖小瓦，硬山式砖木结构，共十间三庭院，由三开间两进两侧厢，三个院落和三个天井组成，占地400平方米，建筑面积250平方米（图3）。

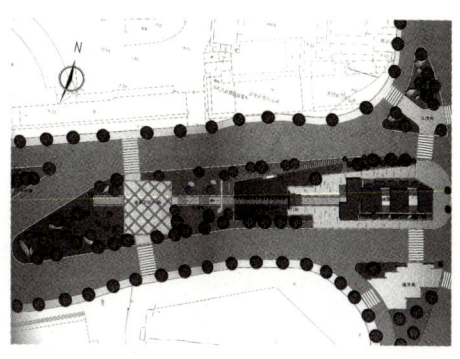

图2　刘氏兄弟故居位置图

这座小型民居是江阴城区积淀了深厚人文底蕴的建筑，也是无数仰慕者的拜访之地。如今，刘氏兄弟故居纪念馆与古兴国塔、文庙南北呼应，浑然一体，构成江阴古城的一个游览区。21世纪初江阴旧城改造，西横街大部房屋被拆迁，唯将刘氏兄弟故居保留下来。人民中路截止刘氏故居门前分成南北两条单行道，从而形成一个绿岛，刘氏兄弟故居就坐落在绿岛上。在枝叶繁茂的香樟树掩映下，一座粉墙黛瓦的江南民居显得格外突目（图4）。

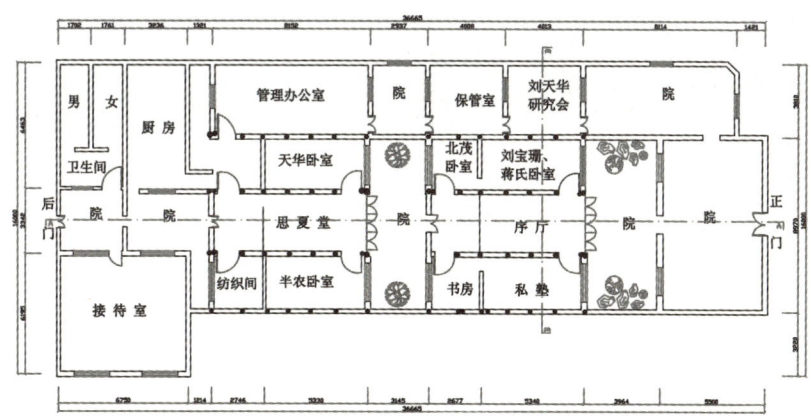

图3　刘氏兄弟故居平面图

刘氏兄弟故居占地面积不大，却幽深别致，老井、月桂、天竺、腊梅、青砖石瓦，以及"石鼓墩"、"酱台"等遗迹和景点，古朴中流露着情趣。纪念馆的最大特点是复原了故居功能，即展示刘氏兄弟的生活起居环境,分别布置序厅、私塾、思夏堂、纺织间、卧室、厨房等(图5~图7)。思夏堂是刘家的客厅,堂上摆着清式靠椅和茶几,屏风上挂着《朱子格言》,梁上高悬"思夏堂"匾额(图8),这块匾曾记录着刘家一段苦涩家史。

图4 | 图5
图4 刘氏兄弟故居俯瞰图
图5 故居前院一角

图6 故居序厅

1864年(清同治三年),曾祖父刘荣病故,享年58岁。仅仅过了一个月,祖父刘汉也突然病故,年仅22岁。刘家后继无人,陷入了绝境。年轻的祖母夏氏改嫁,于1870年生下宝珊,等宝珊长到7岁时,将其过嗣给刘家。刘氏三兄弟的母亲蒋氏,是祖母夏氏在河边捡回的弃婴,扶育长大后与宝珊成婚。1925年7月,刘半农从法国获得文学博士学位回国,此时,二弟刘天华已是北京大学音乐教授,三弟刘北茂在燕京大学就读,他对两位弟弟深情地说:"我们刘家能有今天,不能忘记祖母夏氏。"于是,刘半农挥毫写下"思夏堂"三字高悬客堂，以示刘家子孙永远不能忘记祖母夏氏的恩德。

1911年辛亥革命，当时刘半农几乎天天说革命，但遭到父母的强烈反对，他气愤万分，不吃饭不说话，天天躺在晒酱台（图9）上不回卧室睡觉仪表决心，后来天华、北茂也来陪同哥哥以示支持。故居后园的那片竹林（图10），曾是三兄弟小时的乐园，他们经常在这里捕蝉、捉蟋蟀、掏鸟窝，竹林留给他们太多的欢乐与梦想，以致多少年后仍念念不忘。1917年，初到北京大学教书的刘半农创作了一首《听雨》诗："我到北地已半年，半夜醒来一宵雨。若移此雨到江南，故园新笋添几许。"

图7 | 图8
图7 当年刘宝珊开设的私塾，靠墙摆着几张课桌，墙上挂着孔子画像
图8 思夏堂

图9 | 图10
图9 晒酱台
图10 竹园一角

3. 刘氏兄弟故居人文历史

从"五四运动"时期到20世纪80年代长达六十多年的历史跨度中，刘半农、刘天华和刘北茂三兄弟前赴后继，不断追求进步，以科学求实的精神，为弘扬和发展祖国民族文化呕心沥血，创造了令世人瞩目的辉煌业绩，体现了我国优秀知识分子和艺术家的高尚品德，赢得了人们普遍的尊敬和爱戴，因此被誉为"刘氏三杰"（图11）。

"天上飘着些微云，地上吹着些微风。啊！微风吹动了我头发，教我如何不想她……"这是在刘氏兄弟故居外石碑上刻着的《教我如何不想她》（图12）。而这首诗是著名文学家、语言学家、教育家、"五四"新文化运动先驱之一刘半农先生在伦敦留学期间写下的，后经作曲家赵元任谱曲，在青年知识分子中广为传唱。石碑上，那个"她"字写得很大，似乎是在向人们昭示着什么。在此之前，汉语里并没有"她"字，刘半农首创"她""牠"（后简化成"它"），以区别女性和人以外的事物。从此，我们的语言更多了几分鲜活的色彩。

图11 | 图12
图11　刘氏三兄弟介绍
图12　刘半农诗作《教我如何不想她》

刘半农先生一生追求真理，积极投身革命，成为新文化运动的发起人之一。他在担任《新青年》杂志编辑时，发表了《我之文学改良观》《诗与小说精神之革新》等震惊文坛的进步论著，成为新文化运动中一位"斗士"和"闯将"。他开创了我国新诗流派"白话诗"，影响甚广。同时，他又是我国语言学及摄影理论奠基人，他的《汉语字声实验录》荣获"康士坦丁语言学专奖"，是我国第一个获此国际大奖的语言学家。

刘天华先生也是江阴的骄傲。江泽民总书记在参加其诞辰100周年音乐会上说："刘天华是我国杰出的民族音乐家，是中华民族的骄傲。"江阴是江南丝竹的发源地之一，也是民乐之乡，刘天华自幼受到家乡江阴丰富的民间音乐熏陶。他在世短短37年，却被尊为"中国近代民族音乐一代宗师""二胡鼻祖"，他一生为民族音乐振兴不懈努力，创作和整理了大量二胡和琵琶独奏曲，将二胡提高到独奏地位，他担得起这样的称赞。

在中国近代，主张学习西乐以改进国乐的这种思想，并非由刘天华先生最早提出。然而正如其兄刘半农所说的，当时除刘天华之外，"中西兼擅，理艺并长，而又能会通其间者，当世盖无第二人"。另一方面，刘天华抱着将音乐普及大众的初衷，整理保存了不少民间音乐，并将其融入其音乐当中。此后，音乐家对于民间音乐的重视度日渐提高，造成在后来的国乐发展中，民间音乐成为其中的重要组成部分。

刘天华一生共创作二胡独奏曲10首、琵琶独奏曲3首、民族乐器合奏曲2首，编有47首二胡练习曲、15首琵琶练习曲，还整理了崇明派传统琵琶曲12首。各类中国音乐之中，因刘天华而产生的影响最大的，莫过于二胡音乐。在中国近代以前，二胡仅是民间戏曲及地方音乐的伴奏乐器，地位不高。但由于刘天华对于乐器的改革、十首独奏曲的创作以及系统的二胡教学法的建立，使得二胡音乐的内涵有所增益，且成为能够独奏的乐器，使得中外人士对二胡看法有所改变，二胡由此进入了高等音乐教育之中，并在中国音乐中的重要性大为提升。刘天华也因此被誉为"二胡鼻祖"。

刘北茂先生虽不常被人提起，但他在思想上受其大哥刘半农的熏陶，接受"五四"新文化启蒙运动的思想。在音乐上继承发展了其二哥刘天华开创的民乐事业，是其忠实的继承者和发展者。刘天华逝世后，刘北茂为了继承其"改进国乐"的遗志，毅然放弃西北大学英语教授的席位，改任音乐教授。先后在四川、南京、安徽、中央音乐学院任教，他一生创作了《汉江潮》《小花鼓》《流芳曲》等一百多首二胡独奏曲，是我国现代音乐史上一位多产的作曲家。

4. 刘氏兄弟故居的保护

作为当时的省级文物保护单位，刘氏故居的修缮方案经江苏省文物局批准开始动工。刘氏兄弟故居是一座具有江南民宅特色的清末民初建筑，共有两进6个房间、1间厨房、4个院子，是刘氏三兄弟青少年时代的生活场所。在1985年被列为江阴县级重点文物保护单位，2002年升格为江苏省重点文物保护单位。据了解，刘氏兄弟故居自1989年全面整修对外开放以来，一直没有进行过整体大修。2005年上半年，江阴市开始对人民中路西段进行改造，刘氏故居恰好位于改造路段的中央。如何处置这一城市历史文化遗产，江阴市先后为此组织召开相关论证会不下5次，最后确定：刘氏故居不能搬。对故居内部进行整体大修，同时把故居周围的狭长地带建成景观绿岛。改造后的刘氏故居将成为江阴城区西大门的一个文化新景点，重点体现"刘氏三杰"在文学、音乐等方面的成就。绿岛整体鸟瞰为一把二胡，暂名为"光明园"。

由于故居的屋面、地面、地板等都已出现了不同程度的损坏，2006年7月，江阴市首先对故居进行了抢救性修缮。为了有效地保护刘氏故居，江阴决定对故居内部进行整体大修，特别邀请江苏省古建筑专家戚德耀为故居制作了修缮方案，方案于同年9月底通过了江苏省文物局的批准和有关专家的全面认证。修缮后之前倾斜的门柱已然"扶正"，破碎零落的方块被重新整合，与新添的方砖结合成新铺的地面，新旧分离，独具特色。为了减少车辆过往对故居建筑带来的频繁震动，修复中还专门实施了减震处理。此次重新布置，没有恢复之前刘氏兄弟纪念馆的功能，而是纯粹复原了故居功能。故居的修缮工作本着修旧如旧、保持原状的原则，确保了故居的安全性、完整性、真实性。修缮后的刘氏故居再现了20世纪20年代刘家的生活场景。

作者简介：

张志强，高级工程师，江阴市建筑新技术工程有限公司，江阴市暨阳路15号，邮箱：444597973@qq.com。

12 中西合璧的建筑缩影
——江阴要塞司令部

周新华　唐建　张志强

江阴为军事重镇。黄山雄峙江边，形势险要，历来为兵家必争之地。南宋名将岳飞、韩世忠，明太祖朱元璋曾在江阴屯兵破敌。南宋词人辛弃疾在江阴任签判期间，专门考察江防要塞，写成《论阻江为险需两滩疏》一文，后又写成著名的《美芹十论》。清初，江阴义民自发守城抗清81天，破敌24万，城破之日，江阴义民无一投降，男女老少纷纷投井自尽，英勇悲壮。城区民运巷内的四眼井成为"忠义之邦"的最好见证。抗日战争初期，中国军队与日寇在江阴海空激战三个多月，悲壮激烈，血洒江阴。1949年4月21日，中国人民解放军发起东至江阴，西至九江的渡江战役，江阴要塞起义为我解放军顺利横渡长江铺平道路[1]。反侵略、反压迫的光荣传统使得江阴赢得了"义勇之邦"的美名，也孕育了"人心齐，民性刚敢攀登，创一流"的江阴精神，激励一代又一代的江阴人。江阴要塞司令部也作为一个历史的见证者，像世人诉说着历史的故事，诉说着那段硝烟弥漫的岁月。

1. 概述

江阴要塞司令部（图1）旧址位于江阴市区最繁华的人民路步行街东侧，它是一座中西合璧的建筑群，中式建筑古色古香，雕梁画栋，欧式建筑造型独特，气质典雅，两者合二为一，浑然天成。这座建筑系民国初年由江阴近代实业先驱者、爱国民主人士吴汀鹭先生所建，现已修葺一新,免费对外开放。

(1) 建造者

吴汀鹭,名增元,晚清贡生,出生江阴望族。幼承家学,曾在南菁书院攻读8年经史,因屡应乡试不第转而从事地方实业。1905年创办华澄染织公司,并于1909年任江阴商务分会总理,1913年任江阴县知事,1915年在城东创办利澄内河轮船公司,后独资创办江阴电话局,多次捐资助学,后担任南菁中学校董、江阴红十字会理事长。从1920年开始,吴宅择址高巷口建宅第,聘请名工巧匠,精工构筑,工艺十分考究,历经3年多时间于1923年竣工。

图1 江阴要塞司令部

(2) 历史背景

原国民党要塞司令部旧址占地面积3752.7平方米,建筑面积1248.92平方米。1937年12月日本军队侵占江阴,吴汀鹭避居乡间,被日军挟持来澄,威逼他出任"维持会长",他凛然拒绝,设计出避上海。此宅被日军侵占作为驻澄警备司令部,抗日战争胜利后,又被国民党军队接收,1947年成为国民党要塞司令部。司令先后为孔庆桂、戴戎光。江阴要塞以唐秉琳为首的中共地下党曾在此从事巧妙而艰苦的斗争,在1949年4月21日渡江战役中成功策反了国民党江阴要塞7000多名官兵起义。

江阴县城解放后,要塞司令部即由中国人民解放军第三野战军接管。1949年4月28日,奉中央军委之命,中国人民解放军华东军区海军司令员兼政委张爱萍在此召开人民海军成立大会,此地成为海军司令部所在地。5月中旬,正式成立中国人民解放军江阴要塞司令部,由刘世湘任司令员、唐君照任政委。其后,这里相继驻扎过陆军、海军部队。2003年,由中国人民解放军总装备部63680部队正式移交给江阴市人民政府进行全面修缮保护。2004年5月1日对外开放。

2. 江阴要塞司令部布局构成

江阴要塞司令部建筑布局坐北朝南,有照壁、花园、前、中、后房屋三进四侧。前二进为中式古典建筑样式,继承了晚清时期建筑工艺和风格,第三进为吸收了西洋巴洛克风格的二层小洋楼(图2)。所有建筑外墙

图2 江阴要塞司令部二层洋楼

体均用清水方砖砌成,红灰相间,古香古色,堪称中西合璧的完美之作。

第一进前为花园,南端有栅栏式围墙,正中开栅门,有红砖门柱一对。栅门之南8.75米处有青砖照壁一垛,高3.9米,宽1.15米,正中有"鸿禧"二字,四边用回纹砖雕镶嵌。过道的建造亦十分考究,月梁、门、桁板以及斗拱、梁托均有精致的人物及缠枝木雕。南廊为平顶,红砖砌成门窗拱圈、廊柱、并嵌砌灰色砖雕。山墙顶部骑马墙呈半圆形,上饰有浮雕。北廊为鹤胫轩,漆包布方柱,磨石柱础雕琢成香篮形状,檐下密布绳连钟型木雕。往北有东西轩廊与砖雕门楼相通,门楼高7米、宽11.5米,飞檐翘角,气势恢弘。墙身用刨光方砖砌成金钱纹饰,檐下有砖雕斗拱[2],南北两面墙身上均有人物、禽兽、花卉、修竹等砖雕,形象生动,制作精致。墙门与第二进之间为天井,麻石铺地,东西两侧为厢房,各面阔3间,进深4架,有廊与第二进相同。第二进为厅,歇山式屋脊,面阔7间,进深8架。南廊为翻轩,东西山墙顶部骑马墙亦呈半圆形,嵌砌灰色砖雕。

第二、第三进之间也是天井,东西两侧为二层楼厢房,各面阔3间,进深四架,红砖砌成门窗拱圈。第三进为西式建筑,二层小洋楼,面阔7间,进深10架。东西两侧均有木质楼梯可供上下,二楼西侧另有楼梯直通三楼,楼梯栏杆、栏板均雕刻各种图案。天花板饰有八边形、六边形、四边形等几何图案。山墙顶部骑马墙呈三角形,饰有浮雕。除正厅外,其余室内都有壁炉,为典型的西洋风格。

岁月如梭,风水轮流。昔日叱咤风云的国军要塞司令部改换了门

庭：江阴名人馆。作为吴文化的发祥地之一的江阴，人文荟萃，自古以来，名人辈出，如春秋贤人季札、春申君黄歇、地理学家和旅行家徐霞客、守城主将阎应元、晚清名医柳宝诒、近代学者缪荃孙、现代文学家刘半农、民族音乐家刘天华、佛学泰斗巨赞以及机器人之父蒋新松等。名人馆分设先贤厅、军政厅、科技厅、教育厅、实业厅、佛教厅、文化厅等，汇集了243位名人，通过12个场景、130张照片、150张图板、5万多文字和多媒体技术集中展示了历代名人对国家、家乡作出的突出贡献，既具有历史凝重感，又具有时代特征。

3. 江阴要塞司令部细部详解

江阴要塞司令部中大量运用了当时盛行的装饰技艺。各种技艺相辅相成，相得益彰。精美绝伦的石雕、砖雕、木雕、灰雕集中西建筑艺术之大成，具有深邃的文化内涵。雕刻图案的表现题材相当广泛，大多是人们所喜闻乐见、寓意吉祥的内容。以人物为主的，内容包括神话传说、戏曲图谱、民间故事和习俗等；以花鸟、动物为主的，有梅兰竹菊、荷花、石榴、牡丹、蝙蝠、鱼等。人物故事图案周边一般都是以拐子龙纹围合，寓意富贵。无论是雕刻技艺，还是题材选择，都称得上巧妙，而且深含寓意，值得细细欣赏。

（1）石雕

伴随人类艺术起源就开始了石雕的历史。可以说，迄今包罗万象的艺术形式中，没有哪一种能比石雕更古老了，也没有哪一种艺术形式能像石雕一样为人们所喜闻乐见、万古不衰。

石雕的历史可以追溯到距今一二十万年前的旧石器时代中期。从那时候起，石雕便一直沿传至今。在这漫长的历史长河中，石雕艺术的创作也在不断地更新进步。

唐代的雕塑是中国古代雕塑史的最高峰，分为佛教石雕和陵墓石雕两大类。唐代佛教雕塑，以石窟造像为主，此外还保存了少数平原佛寺彩塑和小型佛像。唐代雕塑融合中外、综合南北特点，达到了成熟的顶峰，为后世雕塑艺术树立了光辉典范。

明、清时期是中国封建社会由动乱、复苏、繁荣又走向崩溃的最后一轮循环的周期，当时的建筑艺术，还是沿着古典艺术传统向前发展,从而形成了中国古代建筑艺术史上的最后一座高峰。明清建筑广泛运用石刻艺术形式的例子,可说是不胜枚举。如众所周知的北京天坛,那是明、清两朝皇帝祭天与祈祷丰年的场所,其主体建筑之下的基座、白石圆坛、石构件上都雕刻有十分精丽的装饰。

不同时期的石雕在类型和样式风格上都有很大变迁;不同的需要、不同的审美追赶求、不同的社会环境和社会制度,都在制约着石雕创作的发展演变。石雕的历史是艺术的历史,也是具有丰富文化内涵的历史,更是形象生动而又实在的人类历史。

江阴要塞司令部的石雕讲究造型逼真,手法圆润细腻,纹式流畅洒脱。有别于明、清时代的富丽堂皇、繁复精美,江阴要塞司令部中的石雕,褪去华丽的外衣,回归最质朴的纯真。采用简单明了的线条,朴实无华,却又不失匠心的雕刻技艺,勾勒着原宅第主人对美好生活最质朴的愿景。江阴要塞司令部门口石狮底座花纹也别具特色:一条鲤鱼跃出水面(图3),比喻鲤鱼跳龙门。另一面为一簇杏花(图4),古代科举进士考试时,正值每年农历二月杏花盛开,故杏花又称及第花。两者合二为一,均表达希冀子孙后才能出人头地、金榜题名的意思。在第三进屋面左垂脊端部,一柄如意靠着玉枕,和一根毛笔置于一盆中,底下花团锦簇(图5),是表达了万事如意、高枕无忧、金榜题名的意思,下面开着的牡丹花,则表示着花开富贵,希望永世富贵的意思[3];右垂脊端部,上部为石榴和寿桃,底下也是牡丹花(图6),寓意着多子多福、健康长寿、富贵绵绵。可以看出,吴老先生当初建造宅邸的时候也是费尽心思,用物考究的,如今看来也依然独具匠心。

图3|图4
图3 石狮底座石雕鲤鱼纹饰
图4 石狮底座石雕杏花纹饰

图5 | 图6
图5 左垂脊石雕
图6 右垂脊石雕

（2）砖雕

砖雕的历史由来已久，从有宫殿建筑开始，砖雕便开始起步，到了秦朝，砖上的浮雕纹样已经举目可见，汉代的画像砖更是砖雕历史上的一座里程碑。明代砖雕的风格过趋粗犷、古拙而朴素；明末清初，由于富商们对豪华生活的追求，砖雕风格渐趋细腻繁复，注重情节和构图，透雕层次加深。在见方尺余、厚不及寸的砖坯上雕出情节复杂、多层镂空的画面，从近景到远景，前后透视，层次分明，产生精妙无比的美感。

江阴要塞司令部门楼上的砖雕属于徽州砖雕。徽州砖雕的发展与徽商的发展脉络一致，在明、清时期达到顶峰，而由明到清，徽州砖雕艺术也有着不小的迭变。明代的徽州砖雕注重整体效果，画面内容比较简单，人物样式也多雷同重复，强调对称，缺乏层次和变化；而明末清初，在画坛上独树一帜的新安画派的兴起对徽州砖雕艺术产生了不可小觑的影响，再加上徽州版画的发展，徽州砖雕逐渐走向精细，艺术水平也越来越高，再加上清朝徽商发展愈加鼎盛，徽商也愈加富有，身份与财富体现在这些建筑细节上则越来越集中。正因如此，砖雕的艺术也愈加细腻繁缛，在一块方不盈尺的砖坯上，最多可以雕出九个层次，砖雕艺术水平由此可见一斑。

徽州砖雕装饰重点是门楼、门罩。作为古民居出入口标志的门楼、门罩造型多样,有垂花门楼、字匾门楼、四柱牌楼等数种。"门上起楼,象城堞有楼以壮观也"这句话说的便是徽州建筑中的门楼,而门罩其实就是雕饰相对简单一些的门楼。门罩有层层出挑的檐角,两头弯起,看起来外形酷似元宝,"招财进宝"的寓意便是由此而来。

江阴要塞司令部中的门楼(图7)取徽州石雕的精华,将门楼演绎得美轮美奂。江阴要塞司令部中的门楼、门罩,即在大门外框上方,用水磨青砖砌成的向外凸出的线脚装饰,顶上附以瓦檐。除了具有一种装饰美以外,

图7 江阴要塞司令部门楼砖雕(视履考祥)

实际作用是防止雨水溅到大门,实际上,它还有另外一层更为重要的价值,便是彰显户主的财富与品位。进入一栋徽州建筑,先入眼帘的便是门楼,这是形成总体评价的第一印象。因此,雕刻精美的门楼自然成为了一户人家富贵的象征,但凡有成就者家中的门楼都极为考究。

额枋是江阴要塞司令部砖雕门楼门罩中最精彩的部位。一条额枋通景图就像一幅手卷式的人物山水画,通常需要五至七块水磨青砖拼成。司令部中的额枋通景图即为《郭子仪上寿》(图8)。郭子仪在民间被视为福禄寿考俱全的有福之人,他本人被看作为"大富大贵"的象征[4]。民间画师、工匠都以他为题材创造很多关于他的构图。想通过这种形式祈得福禄寿。郭子仪一生位高权重,且育有八子八女,儿孙满堂,多福多寿,作为砖雕内容寓意极好。这幅额枋通景图描绘了郭子仪六十大寿的场景,他的儿孙前来祝寿,雕刻内容极为繁复,层次也极其之多。两边附以两朵牡丹花,寓意花开富贵、大富大贵。

图8 江阴要塞司令部门楼额枋砖雕

门楼的匾额上有隶书"视履考祥"四个字，四周有蔓草镶边，因其落款已模糊不清，书者是谁就无从考证了，但宅第主人的门第家风从这匾额中仍可见一斑。"视履考祥"四字出自《周易》六十四卦，原文为："视履考祥，其旋元吉"。履指所穿之鞋（或欲穿之鞋），比喻办事的方法；"考"指考察；"祥"借为"详"；"旋"指归来；"元"指"大"，"大吉"说明结果很理想。这句话大致可理解为对做事的方法要详细考察，没有差错再行动，这样才会有理想的结果，履卦强调的是慎行防危的行为哲学。据说清乾隆皇帝在御花园降雪轩里也曾题写了"视履考祥"这四个字。

在匾额两侧，雕有《三国演义》中的著名故事，分别为关公华容道义释曹操（图9）和关公单刀赴会（图10）的场景：一组雕刻描述的是关云长华容道义释曹操的故事。曹操双手作揖骑于马上，关羽跨下赤兔胭脂马，手持青龙偃月刀，关羽面对败走的曹操，在个人生死荣辱的军令状和曹操的昔日情义面前，他选择了释曹。自身荣辱甚至生死事小，故旧情义，知遇之恩事大，这就是关羽。另一组雕刻描述的是关云长单刀会鲁肃的故事。在刘备取得益州以后，东吴要索回荆州，双方争夺荆州的斗争激烈起来。鲁肃和关羽各带重兵，在陆口一带对峙，大战有一触即发之势。鲁肃思得一计，在陆口寨外临江亭上邀关羽赴会，暗中伏下刀斧手，伺机杀之。届时关羽只带亲兵十余人，由周仓扛着大刀，单刀赴会。该故事着力突出关羽单刀孤胆、机智勇敢的凛然正气。关羽是忠义的化身，是中国历史上与孔夫子并列的文武二圣。在中国民俗文化中，地位甚至超越了神灵。人物故事砖雕的两侧辅以"四君子"：梅花、兰花、竹子、菊花。"梅兰竹菊"是传统寓意纹样，其品质分别是：傲、幽、坚、淡。梅、兰、竹、菊是中国人感物喻志的象征，人们常用"四君子"来标榜君子的清高品德。四君子各有特色：梅，剪雪裁冰，一身傲骨；兰，空谷幽香，孤芳自赏；竹，筛风弄月，潇洒一生；菊，凌霜自行，不趋炎势。

匾额上方还刻有寿星、福星和财神，寓意请求天神赐福。这里的砖雕为博古纹：在雕刻图案中一般将摹绘瓷器、铜器、玉石及画卷等古物的画称为博古，有的画上也点缀花卉、果品（图11），寓意清雅高洁。在图案中有佛手、水仙,古人把画有水仙和佛手的图案标为"学仙学佛"。"佛"与"福"谐音,所以佛手的一个吉祥意义是祝福,这也是一种吉祥图案。图中雕刻的瓶子里插有如意,如意是一种象征吉祥的器物,头呈灵芝或云形,表示做什么事情或要什么东西都能够如愿以偿,瓶中插有如意寓意平生如意。门楼上还有一个不可或缺的元素——花边图案。花边图案在门罩中运用较广泛,虽属于陪衬,但是门罩无它不活,在搭配中也可以增加门罩的层次感,很是别致。

图9 | 图10
图9 匾额砖雕"关公华容道义释曹操"
图10 匾额砖雕"关公单刀赴会"

门楼一般分为两面雕刻,司令部中的门楼北立面砖雕(图12)多以三国故事为背景雕刻,雕工朴实而又精美。额枋通景图即为《文王访贤》(图13),"文王访贤"是一组雕刻故事,图中姜子牙长须披胸,庄重地端坐于渭河边,文武大臣前呼后拥,一辆马车等候在旁。文王访贤讲的是周文王为讨伐商纣,选用文臣武将的故事:有一次,周文王去打猎,在渭水边看见一位老人坐在岸边钓鱼,并自言自语地说:"鱼儿鱼儿愿意上钩的快快上钩来呀!"他觉得奇怪,就和老人谈起话来。原来这位老人姓姜名尚,又叫子牙,是个学问渊博、精通兵法的能人。周文王十分高兴,请姜尚与他合作为周出力。姜尚笑着说:"我在这里钓鱼,就是在等像您一样的贤明君主,

图11 匾额砖雕博古

共商灭商大事的。"周文王请姜尚和自己共坐一辆车。周文王说："我父亲在世时，就盼望着找一位像您一样的人帮助我，您就是我父亲太公盼望的人。"从此，人们都称姜尚为太公望，后然就把"望"字去掉，叫他姜太公了。后来姜太公的确为周文王管理国家，在灭商兴周时立了很大功劳。文王以大德著称，姜子牙以大贤闻名，"文王访贤"寓为"德贤文备"。

图 12 | 图 13
图 12　江阴要塞司令部门楼北立面砖雕
图 13　门楼北立面额枋砖雕

　　额枋的正下方是"福在眼前"，是汉族传统吉祥图案。由蝙蝠和古钱构成纹图，画面上蝙蝠前面摆有古钱："蝠"与"福"同音；"钱"与"前"谐音；孔寓眼，意即眼前。福在眼前，是一种美好的祝福，表示福即在眼前。图案中的蝙蝠口叼着磬（古代一种乐器），因"磬"与"庆"谐音，更是表达了主人求喜庆，盼福到的心愿。

　　通景图两侧雕有龙和凤。龙是中国最有代表性的吉祥神兽，凤是中国最有代表性的吉祥神鸟，两者合在一起，寓意成双成对、龙凤呈祥。门楼两侧分别为赵子龙白马银枪，浑身是胆，七进七出长坂坡，单骑救主（图14）；刘关张虎牢关前三英战吕布，名动天下（图15）。

图 14 | 图 15
图 14　门楼两侧砖雕"赵子龙单骑救主"
图 15　门楼两侧砖雕"刘关张虎牢关前战吕布"

门楼底部刻有"四福捧寿"（图16）和"福从天降"（图17）。"四福捧寿"是汉族民间广为流传的一种传统吉祥图案：由四只蝙蝠围着寿字构成，寓意多福多寿。蝙蝠之蝠与福字同音，故以四蝠代表四福。蝙蝠纹与寿纹组合在一起则是强化了主人对延年益寿的渴望。雕刻的图案中，画面上的蝙蝠口叼着磬从天而降，表达了主人求喜庆、盼福到的心愿。配以拐子龙纹，取龙的"富贵"之意，以及卷草纹的"连绵不断"之意，寓意福从天降，富贵不到头、子孙延绵不断。整个门楼宏伟大气，雕工精美，人物线条流畅，故事场景也是栩栩如生，一气呵成。

图16 | 图17
图16 门楼底部砖雕"四福捧寿"
图17 门楼底部砖雕"福从天降"

（3）灰雕

灰雕，浙东民间手工艺之一，也是中国传统建筑装饰工艺之一。有悠久的历史，祠堂、庙宇、寺观、邸宅等建筑都会用到灰雕装饰。尤其在明、清至民国期间，灰雕装饰更是新建宅院不可缺少的组成部分。

江阴要塞司令部运用的是路桥灰雕，即起源于宋代、兴于明代、盛于清代的台州路桥灰雕，迄今已经历了800多年的历史。明代宋应星的《天工开物》记载："凡温、台、闽、广海滨，石不堪灰者，则天生蛎蚝以代之。"探究灰雕的渊源，缘起于庙宇、宗祠顶上的雕塑。工匠们往往在工程即将完毕之时，用剩余的蛎灰制成一座座天神和一些具有宗教意味的抽象图案，将其融于建筑之中，尤其是屋顶之上。这份"伸向天空的祈祷"，使灰雕意味深长且备受瞩目。

灰雕的主要材料是蛎灰，蛎灰是由蛤蛎壳煅烧而成的。取贝壳高温煅烧，即得到生蛎灰。其后，往蛎灰中加水使其变得粘稠、有韧性，再将它储存在地窖里,即养蜊灰。在养蜊灰的过程中加入麻精,不断搅拌,使它得以加固,抗拉抗折能力增强。路桥灰雕造型多样,每种造型都有其象征意义,寄托着人们的祈祷。江阴要塞司令部中大量运用了灰雕技艺,几乎囊括了所有建筑的屋顶正脊处,也大量运用于欧式建筑的表面装饰,起到了画龙点睛的作用。

灰雕用于装饰欧式建筑的表面(图18～图20),线条大胆而又细腻,圆润却不显繁乱,中国的传统技艺与欧式的建筑相得益彰,浑然天成,确是一个不可多得的中西合璧的经典范例。

图18 | 图19
图18 江阴要塞司令部欧式建筑灰雕装饰(一)
图19 江阴要塞司令部欧式建筑灰雕装饰(二)

照壁(图21)上也多为灰雕。照壁正脊上的灰雕为双面雕刻。南面灰雕正中处为一个聚宝盆,左右两边佐以鹿角和如意(图22),象征着万事如意,招财进宝,健康长寿。北面为两条鲤鱼(图23),寓意成双成对,年年有余。位于正脊两端,初作鸱尾之形(图24),一说为虬尾之形,象征辟除火灾,驱除魑魅。后来式样改变,折而向上似张口吞脊,因名鸱吻,又称"龙吻"。相传鸱吻是龙的儿子,所谓龙生九子,鸱吻为其中之一。形状像四脚蛇剪去了尾巴,这位龙子好在险要处东张西望,也喜欢吞火。相传汉武帝建柏梁殿时,有人上疏说大海中有一种鱼,虬尾似鸱鸟,也就是鹞鹰,又说虬尾是水精,喷浪降雨,可以防火,建议置于房顶上以避火灾,于是便塑其形象在殿角、殿脊、屋顶之上。据北宋吴楚原《青箱杂记》记载:"海为鱼,虬尾似鸱,用以喷浪则降雨"。在房脊上安两个相对的鸱吻,能避火灾。

12 中西合璧的建筑缩影——江阴要塞司令部

图 20 | 图 21
图 20　江阴要塞司令部欧式建筑灰雕装饰（三）
图 21　江阴要塞司令部照壁

图 22 | 图 23 | 图 24
图 22　照壁南面灰雕
图 23　照壁北面灰雕
图 24　正脊两端鸱尾

　　第一进，第二进和第三进的屋面正脊上都有象征着吉祥的灰雕。第一进为两条鲤鱼（图25），跃出水面，寓意鲤鱼跳龙门，平步青云。第二进为蝙蝠、鹿和寿桃（图26），寓意着福禄寿。第三进为凤凰（图27），凤是祥瑞的化身，凤舞九天寓意着吉祥如意，飞黄腾达。

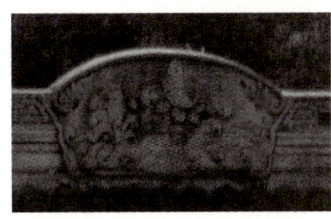  

图 25 | 图 26 | 图 27
图 25　第一进屋面正脊灰雕"鲤鱼跳龙门"
图 26　第二进屋面正脊灰雕"福禄寿"
图 27　第三进屋面正脊灰雕"凤舞九天"

天井两侧连廊的屋脊之上也置放着精美细致的灰雕。左连廊为鸳鸯和荷花（图28），寓意着成双成对，和和美美，莲又代表多子，故又有多子多福的寓意。右连廊为鹌鹑（图29），意为平安如意，与菊花、落叶一起寓意安居乐业。江阴要塞司令部的灰雕神态各异，造型逼真，表达的意义丰富，多以素色为主，简而不媚，素雅端庄。

（4）木雕

我国木雕的分布极广，此衰彼兴，潮起潮落。由于各地的民俗、文化和资源条件不一，取材不一，工艺不同，形成了诸多具有浓郁地方特色、各有千秋的流派。木雕艺术起源于新石器时期的中国，距今七千多年前的浙江余姚河姆渡文化，已出现木雕鱼。秦、汉两代木雕工艺趋于成熟，绘画、雕刻技术精致。施彩木雕的出现，标志着古代木雕工艺已达到相当高的水平。

图28 | 图29
图28 天井左侧连廊屋背灰雕"多子多福"
图29 天井右侧连廊屋背灰雕"平安如意"

唐代是我国工艺技术大放光彩的时期，木雕工艺也日趋完美。许多保存至今的木雕佛像，是我国古代艺术品中的杰作，具有造型凝练、刀法熟练流畅、线条清晰明快的工艺特点，成为当今海内外艺术市场上的"宠儿"。明、清是木雕艺术的一个辉煌时期，涌现出大量有史可考的名家、艺人及其作品，是古代木雕艺术的一个高峰。明、清时期的木雕品题材，多见为生活风俗、神话故事，诸如吉庆有余、五谷丰登、龙凤呈祥、平安如意、松鹤延年等木雕作品，深受当时社会欢迎。清末民初木雕逐渐走向衰落，而后在现代重新受到重视和青睐，我国木雕经历了一个漫长艰辛的发展过程，纵然有起有落，可木雕的艺术魅力仍然不得不让世人为之折服。

江要塞司令部中的木雕题材广泛，人物、山水、花卉、飞禽、走兽、虫鱼、云头、回纹、八宝博古、文字楹联等各种吉祥图案，以及几何形体等图案，有写实的、具象的，有写意的、变体（形）抽象的，可以说无所不包，只是在使用范围和对象上各异，内容布局有所侧重。以人物为主的，有名人轶事、文学故事、戏曲唱本、宗教神话、民俗风情、民间传说和社会生活等题材；以山水为素材的，主要是各地名胜，如黄山、新安江及具有代表性的山水风光；以动物、花木、图案为内容的，一般呈连续图样形式，亦能独立成画。

江阴要塞司令部中的木雕采用圆雕、浮雕、透雕等表现手法。通常用于架梁、梁托、檩条、楼层拦板、华板、窗后、栏杆等处，雕花撰朵，富丽繁华。在第一进的中式建筑中，木雕技艺运用得出神入化。在正厅的脊枋上刻有三只短戟插在宝瓶之中（图30），宝瓶之间用飞舞的彩带连接，涂有金漆，与一旁的朱漆对比，异常醒目。"瓶"谐音"平"，"戟"

图30　第一进建筑正厅脊枋木雕"平生三级"

谐音"级"，以此来表示"平生三级"，表达步步高升、官运亨通的美好意愿。在三架梁东面更刻有代表忠勇、气节的忠烈杨家将，西面则为大小两只狮子在嬉戏（图31），神态自然，活泼可爱。一大狮子和一小狮子寓意太师少师，以狮与师同音，表达位高权重、辈辈高官的愿望。不仅三架梁和脊枋处富有雕刻，包括所有的随梁和檐枋上，都刻有神态各异的人物、花鸟鱼虫、各地的生活场景、风土人情等，栩栩如生，置身其中，仿佛置身于农耕牧养的时代，实在是精美绝伦，妙不可言。

天井周围的连廊上，也都为木雕，有名人轶事、文学故事、戏曲唱本、宗教神话、民俗风情、民间传说和社会生活等题材，尤为出彩的是"天官赐福"（图32）和"鹊桥相会"（图33）。一神仙手持"天官赐福"字样的横幅。天官，名为上界一品赐福天官，紫微大帝，隶属玉清境。天官由青黄白三气结成,总主诸天帝王。天官赐福的时间,是每年正月十五日。道教称为上元节。到了这一天,天官即到人间,根据人们行善多少,校定人之罪福,故称"天官赐福"。人们日常生活中渴求最多的是福报,所以"天官赐福"就显得十分重要,也成为了人们常常祝福的话语。"七夕鹊桥会"来自于汉族民间牛郎与织女的爱情传说,每年农历七月初七,牛郎织女鹊桥相会。在浙江省嘉兴市秀洲区油车港镇古窦泾村,有七夕香桥会。每年七夕,人们都赶来参与搭制香桥。入夜,人们祭祀双星,乞求福祥,表达了汉族劳动人民对美好生活的热爱、向往和追求。

图31 三架梁西面木雕"太师少师"

图32 天井连廊木雕"天官赐福"

图33 天井连廊木雕"鹊桥相会"

江阴要塞司令部中其他题材的木雕还有很多,比如描写帝王将相、才子佳人的贵族生活、文人骚客的风雅画面和先贤事迹,再有砍柴的樵夫、待耕的农夫、牛背上的牧童、纺车前的村姑和饲养家禽家畜、推车、担水、捕鱼、撑船等山区劳动人民的形象,还有儿童游泳、游艺表演、耍灯、舞龙舞狮、花船、跑驴等民间艺术活动的欢庆场面，无不体现了宅第主人吴老对美好生活的向往，以及祈求生活安康、百姓安居乐业的诉求。

4. 结语

江阴要塞司令部是特定历史时期中外建筑艺术的缩影。从复古风格到现代主义，建筑形式风格的变化并不是突变和跳跃式的，而是处于这两者之间的过渡状态。既注意到保留中国的传统风格，又吸收了一些西洋建筑风格，具有从传统走向现代的过渡阶段的特点。

中国传统古建筑以木结构为主，木结构的建筑有很多弊端，比如防火、防潮比较差，容易遭受白蚁等虫子的侵害而损毁，较难满足现代人的生活需求等，而西方的砖混结构建筑，恰恰弥补了中国木结构建筑的不足。因此，在那样一个特定的时代，江阴要塞司令部中西结合的建筑也就应运而生。这样的结构不仅吸收了西方建筑的优点和长处，以砖石结构为主，木结构为辅，中西合璧，兼容并蓄，而且也保留了很多中国古建筑的风格和元素。江阴要塞司令部是那个远逝的时代记忆，也是属于江阴这座城市的记忆。

参考文献：

[1] 王澄明. 江阴要塞 [DB/OL].

[2] 梁思成. 中国建筑史 [M]. 北京：生活·读书·新知三联书店，2011.

[3] 高春明. 吉祥寓意 [M]. 上海：上海文艺出版社，2009.

[4] 张道一. 古代建筑雕刻纹饰 [M]. 苏州：江苏美术出版社，2007.

作者简介：

周新华，工程师，江阴市建筑新技术工程有限公司，江阴市暨阳路 15 号，邮箱：396459532@qq.com。

13 橡胶大王和他的职业教育梦
——私立尚仁初级商科职业学校

张志强

图1 私立尚仁初级商科职业学校旧址标志牌

我国的民族橡胶业发源于上海,先驱是两个江阴人,其中一个是薛福基,他出生于江阴市青阳镇塘头桥村,号称"橡胶大王"。他不但创建了中国早期橡胶工业的基地——大中华橡胶厂,而且创办了国内早期的职业学校——私立尚仁初级商科职业学校(图1)。

1. 私立尚仁初级商科职业学校的基本情况

私立尚仁初级商科职业学校旧址为由6幢平房及二层楼房组成的一个建筑群体,分东西两块,散布在校园里。东边3幢校舍,最南边为一幢10开间二层楼房,坐北朝南,砖木结构,南设外走廊,歇山顶,前有空地为小花园,可能为教职员工办公用房;向北约50米为一幢6间平房,坐北朝南,歇山顶,设外走廊,为教室,与第一幢楼房之间形成了一个较大空间的场地;坐东朝西另有平房一排10余间,西边3幢皆为歇山顶平房,最北一幢坐北朝南,面阔9间,其南2幢性质相同,皆为 6 开间，分别为坐东朝西和坐西朝东，相对矗立，此 3 幢平房呈品字形分布，自成一个院落（图2）。

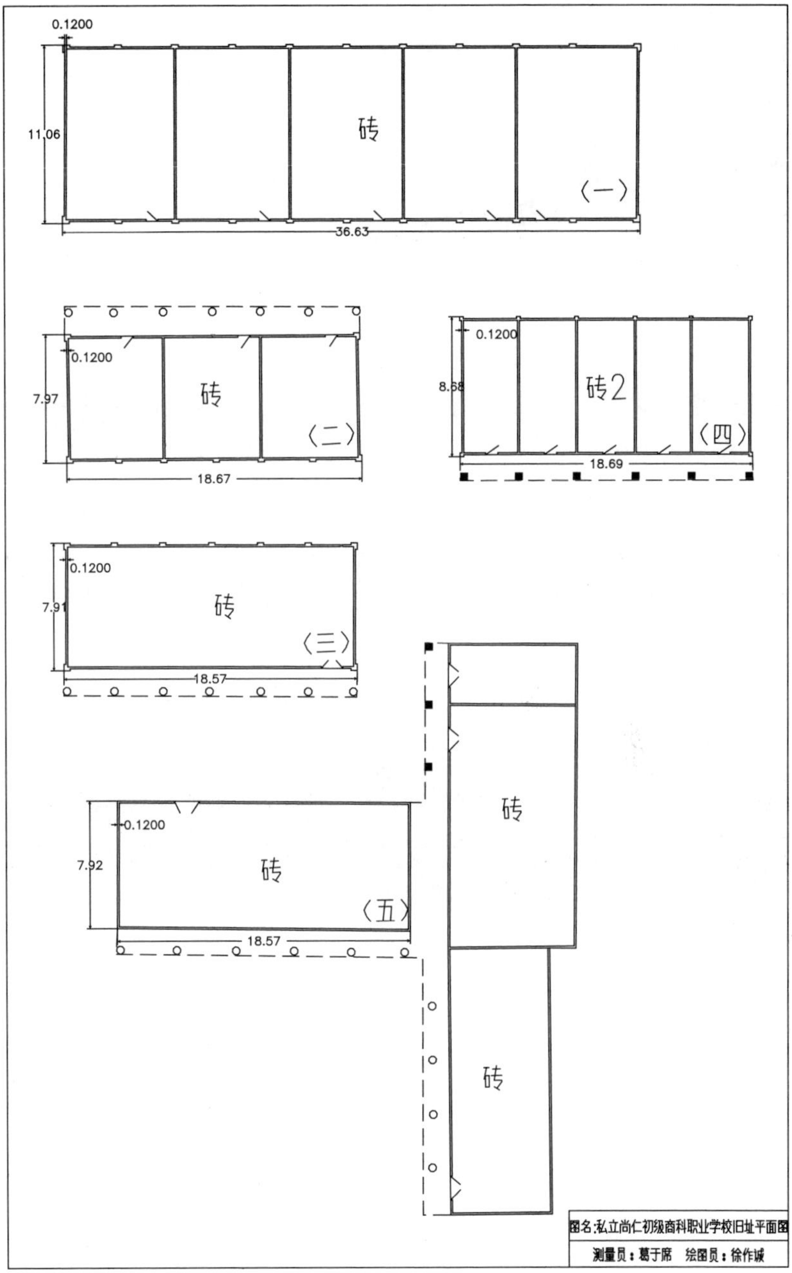

图 2　私立尚仁初级商科职业学校旧址平面图

私立尚仁初级商科职业学校旧址既是较为传统的中式砖木建筑，又吸收了西式建筑的优点，采用跨度较大的人字梁，最大限度延伸教室进深，扩大教室面积，以满足教学需要。该建筑另一特点是朝阳一面设两扇对开大窗户，增加室内采光，窗楣上部发券以承受由于窗户跨度太大造成的压力（图3）。

图3 私立尚仁初级商科职业学校外墙及大开窗

尽管部分校舍已改建，但剩下的这6幢建筑仍为昔日学校的主体，具有一定规模，保存情况良好（图4）。私立尚仁初级商科职业学校是我国乡村中最早的职业学校之一，对江阴职业教育的发展有着重要的意义，具有很高的历史价值。另外，出生于江阴璜塘的中国现代著名古文献学家王绍曾先生曾在该校担任校长，故此处也是一代名人的纪念之地。

图4 私立尚仁初级商科职业学校校舍主体

2. 私立尚仁初级商科职业学校的历史沿革

薛福基在创办实业的实践中，深感人才重要。随着大中华橡胶厂规模的不断扩大，急需一批懂经营、会管理的商务人才。因此，他决定办学，选址在家乡塘头桥。1934年，他投资10万银元，在塘头桥买了18亩地，建了一幢5间二层楼房和42间平房。以薛氏江阴始迁祖薛尚仁之名命名"尚仁初级商科职业学校"。1935年9月正式开学。

时任国民政府主席林森亲自为学校题写了"忠信勤俭"四个字作为学校的校训（图5）。该校校歌由著名教育家、国学大师唐文治撰写歌词，江阴璜塘王寅为之谱曲。

薛福基自任校董，并邀请著名学者王绍曾（国学大师，唐文治、钱基博的学生）担任校长。学校开办不久，他又投入5000银元，增建楼房一幢，作为学校的图书馆、实验室、打字室、实习银行和实习商店。现存建筑共6幢，为人字抬梁、砖木结构的仿西式建筑，面积4966平方米，保存完好（图6）。

图5 | 图6
图5 私立尚仁初级商科职业学校校训
图6 私立尚仁初级商科职业学校旧址内部

旧址内保存有时任国民政府主席林森题写的校训"勤俭忠信"黄杨木匾额1块和薛福基画像1幅。1937年，青阳镇沦陷，校舍大都被毁，学校停办。抗战胜利后校董薛仰清等人重修校舍，恢复旧观，1946年复校，改名私立尚仁初级中学，1956年学校收归县办，改名为江阴县塘头桥初级中学，1985年改名为江阴县尚仁中学。现隶属于江阴市教育局，青阳实验小学分部使用。在教学理念方面，十分重视学校教学为生产服务，根据企业需要和学用结合开设劳动课和实习课，学校毕业生都进入大中华橡胶厂工作，培养了一大批我国橡胶工业的骨干力量。学校成绩斐然，得到了当时苏南、上海地区各界人士的高度评价。

3. 私立尚仁初级商科职业学校的人文情怀

私立尚仁初级商科职业学校远近闻名并得以保存不仅因其本身，同时也是其创办人薛福基与其首任校长王绍曾，使其增添了人文情怀。

首任校长王绍曾先生1910年12月出生于江苏省江阴县，1927年考入无锡国学专修学校，师从国学大师唐文治、钱基博两位先生。1930年毕业后，经两位先生推荐，到上海商务印书馆协助张元济先生校勘《百衲本二十四史》，其后历任无锡国学专修学校图书馆主任、江阴尚仁中学校长、国立中央高级助产学校（重庆）文书、西昌宁远报社经理、国民党中央党史史料编委会（重庆）编纂处编撰科长，抗战胜利后考任江苏省金山县（现上海市金山区）县长。

王绍曾先生勤奋刻苦，谦虚好学，1960年，在其50岁时考取山东大学高亨教授的函授研究生，坚实的理论基础、系统的专业知识、丰富的实践经验、严谨的治学态度、系列的科研成果、执着的敬业精神，使得王绍曾先生成为我国学术界著名的文献版本目录学家。

创建尚仁私立学校的薛福基先生，字德安，甲午战争爆发的同年（清光绪二十年，1894年）10月，出生于江阴县青阳镇塘头桥的一个农民家庭。幼年时读过5年私塾，后因家境贫寒被迫辍学，给亲戚家放牛、做农活。15岁时，经亲友介绍到上海和昌盛商号当学徒。和昌盛是旅日华侨余芝卿开设于日本大阪的鸿茂祥商号在国内的分号。

薛福基到店后眼勤手快，见事敏锐，办事利索，善于在实践中细心观察，用心揣摩做生意的门道，并时常为店经理尉迟松年出主意、想办法，深得尉迟的赏识，很快就被提拔上柜管理营销业务，并开始步步高升。1910年，他远赴日本并得到余芝卿重用，1918年被委任为经理并得到大阪华侨的信赖，经举荐担任大阪中华总商会会长。

薛福基先生心怀实业救国的宏愿，在日本广交各界朋友，考察日本经济，了解到日产橡胶制品在我国旺销，即建议余芝卿创办民族橡胶制品业，得到大力支持，委以全权重任回国设厂。1928年，薛福基先生在上海创办大中华橡胶厂，开我国民族橡胶工业之先河。先是生产"双钱牌"胶鞋等产品，后来又成功开发自行车胎和人力车胎。当时，国内公路逐渐开辟，汽车需求量增加，而轮胎完全依赖进口。薛福基先生认为汽车轮胎是交通、国防的必需品，毅然决定研制开发，并亲临现场督战。由于事前布置周密，进展比较顺利。1934年10月，我国第一代汽车轮胎宣告诞生，填补了国内一大空白。

薛福基先生在创业中深切体会到，要发展实业，振兴祖国，必先从兴办教育入手。他常说，自己是放牛娃出身，幸而有机会去日本学习才闯出一条路子，农村的孩子不比城里的差，往往因为无力接受教育而埋没人才。1934年初，他出资10万大洋，在故乡塘头桥创办了"私立尚仁初级商科职业学校"，吸收农家子弟入学。薛福基先生十分重视教学为生产服务，根据实际需要开设专科。学生毕业后都进入大中华橡胶厂工作，其中许多学生后来成为我国橡胶工业的栋梁之材。

正当薛福基先生为大中华橡胶厂的发展大展宏图之时，日本打响了侵华战争。1937年8月13日淞沪战役爆发，次日，他的座车驶经上海"大世界"时，遭日机轰炸，头部中弹，英年早逝，年仅44岁。

薛福基先生虽然离去了，但在他的带动下，刘永康、叶吉廷、薛铭三等青阳镇同乡先后在上海创办了正泰橡胶厂、永和橡胶实业公司、金刚橡胶厂，青阳人开创的"双钱""回力"品牌响彻大江南北，民族橡胶工业如雨后春笋般在神州大地崛起，外国列强垄断中国橡胶市场的局面一去不复返了。

薛福基先生心怀实业救国的宏愿，因践行教育与生产相结合，而创建私立尚仁初级商科职业学校，他不仅是中国橡胶工业先驱，同时也是注重教育并深知文化才是根本的大智之人。

作者简介：

张志强，高级工程师，江阴市建筑新技术工程有限公司，江阴市暨阳路15号，邮箱：444597973@qq.com。

14 江阴蚕种场
——建筑实用性和艺术性的典范

袁高慧　张志强

江南古镇长泾位于江苏省江阴市东南 33 公里处，南与无锡相连，东邻张家港。镇内长泾河穿过老街，在河北岸，矗立着一座迄今为止保存完整的反映我国蚕桑业的专用建筑——江阴蚕种场（原名大福蚕种场），由民族工商业家宋楚才始建于 1928 年，后经多次扩建、改建而成，也是一处构造设计独特的民国时期的建筑。2002 年经江苏省人民政府公布为省级文物保护单位（图1）。

图1　江阴蚕种场

通过多次造访大福蚕种场研究发现，该建筑以一种令人惊异的形式展现了现代科学的理性精神，即通过建筑整体性的设计对环境进行主动和精密的控制，它似乎更像是一个为养蚕工序的温湿要求而存在的巨型机器。

14 江阴蚕种场——建筑实用性和艺术性的典范

1. 蚕种场的建造背景

蚕业历来在我国经济中占有重要地位,但由于一直沿用传统的"经验农学",我国并无专业的蚕业建筑。直至19世纪中叶,蚕业科技始终停滞不前,蚕种质量下降,蚕病不断,产量大减。同一时期,欧洲各国都重视蚕桑科技,蚕业得到长足发展。我们的邻国日本也提出了发展蚕丝生产、扩大出口的战略,迅速成为"世界丝业之最发达国家"。至19世纪末,中国蚕丝受到日本蚕丝的挑战,在日益扩大的国际市场中所占份额不断缩小。此时,国内一些先进知识分子开始提出学习国外先进的蚕业科技、培育蚕种、改良人才的主张,并且按欧洲和日本蚕室的式样仿建了十几间蚕室,对进行蚕种改良重要性的认识逐步加深,蚕室建筑环境由此得到重视。大福蚕种场正是在这样一个历史背景下诞生的。

2. 蚕种场的位置与布局

大福蚕种场坐落于长泾河的北岸,利用河流作为运输货物的主要渠道,同时也便于取水清洗桑叶、蚕具等,依水而建的蚕种场还喻意着生生不息、绵绵不绝。现在码头尚遗留有砌在墙内的栓船石(图2)。

江阴蚕种场占地面积5050平方米,房屋建筑面积为6700平方米(图3~图5)。房屋布局合理,根据蚕种场需要构造,风格独特,既有地下室,又有楼房,还有天桥、走廊,为构通各层之间通道。

 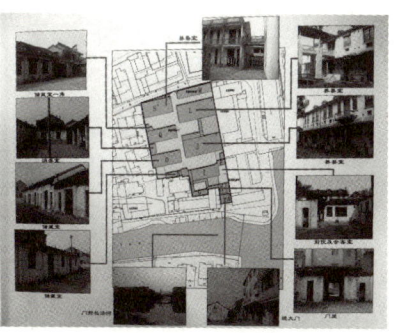

图2 | 图3
图2 江阴蚕种场建筑外墙体的栓船石
图3 江阴蚕种场布局

图4　江阴蚕种场入口标牌

从长泾河移步上岸，进入大门，穿过门房，便来到一系列江南园林般的空间——直接向前，沿连廊穿过第一进院子，就来到生产管理用房区。这里有办公室、接待室、出纳室等，经过这里便可进入场区；或可向左转入另一进院子，曲折的连廊串起两组共6间房间，是原场主的生活起居用房，廊子继续曲折向前，可以由另一个入口进入场区。场内有两纵列生产用房，包括蚕室、蒸室、消毒室、清洁室、储藏室等。蚕室有两座，南北各一座，南楼建于1936年；北楼建于1938年。两幢楼都为砖木结构的三层楼房，均为地下一层，地上两层半的建筑。蚕种场的建筑错落有致而功能齐全，是民国时期蚕种场的典型代表。

图5　江阴蚕种场内院

江阴蚕种场是根据蚕种培育需要而专门精心设计、建造的一组建筑。除第一排平房为生活办公用房外，其主要建筑为2幢砖木结构的三层楼房，面阔7间，进深11间，每间均有结构独特的木制排风筒由二层直通屋顶，以随时保持通风功能，地下室构筑水井，确保蚕种场用水，且另有冷却和调节室内温度的功能。整个建筑布局由南向北，第一排办公楼往北，中间为通道，左右两侧为辅助房，再往北是催青楼和化验间，其间有一个小花园。第二排与第三排房屋之间由25米内间长廊相连,西四间南边有庭院式天井及3间辅助房。过催青楼往北,即南北两幢主蚕间,前后由天桥相连。其结构为一层地下、二层半地上,建筑面积约2500平方米,天桥一层下有1小间地下室,建有2口水井,供生活与生产用水,前幢东南即化验室,其后建有1座约80平方米的地下冷库,利用地温供育种室调节温度。主蚕室西侧有南、中、北三排平房,均为蚕室及辅助生产用房,为后来增建。

3. 蚕种场简单而实用的内部实施和用具

大福蚕种场是根据蚕种培育需要而专门精心设计、建造的一组建筑,蚕室的通风设施、温度调节系统、遮阳系统、环境架构等方面的设计均趋于科学理性。

(1) 通风设施

蚕卵对空气的要求极高,对缺氧耐受力弱,一些不良挥发性气体易引起呼吸障碍,整个养蚕过程对蚕室内温湿度有着非常精确的要求,如温度差需控制在0.4~1.2℃,并根据蚕卵龄期不断改变。因此蚕室建筑需要通过通风换气等措施调整室内微环境,一方面适应室外自然条件的变化,另一方面也需要满足不同龄期的蚕卵对温度和干湿差的要求。大福蚕种场每间场房均有结构独特的梯形木制排风筒由二层直通屋顶,以随时保持通风功能,增加屋顶天窗的空气流量。育种楼屋顶还安装了若干个金属质地、口部呈喇叭口形状的通风管(也称风帽),通风管是可活动的,随着风向的变换而改变口部的方向,减少外部气体对室内的影响,同时保证了室内空气的正常流通。每层楼面还开有透空的方框窗口,使上下通风。育蚕室的屋顶有天窗,中部墙身布满狭长的玻璃窗,窗左右开辟出气、通烟圆孔,大窗的下部还设置扁框的推拉窗,这些设计都保证了育蚕室内的空气新鲜、无有害气体,提高了蚕卵的存活率(图6)。

图6 江阴蚕种场建筑外墙通风口

两幢蚕室建筑的窗户设计略为不同，南楼总体上每开间有两个侧窗，分上下两段，均为平开窗，小气窗内侧装有木制翻板侧窗和小气窗需要分别控制。北楼每开间仅有1个侧窗，尺寸加大，为两组上推拉窗，当大侧窗关闭时，小气窗可单独使用；当大侧窗完全推开时，小气窗便被封住。因为当大侧窗完全推开时，小气窗的通气量已经可以忽略不计，这是一个简便周全的一体化联动装置。

（2）温度调节系统

温度对蚕卵胚胎发育的影响最大，尤其是蚕种催青后期和补催青期间更为显著，它直接影响到蚁蚕孵化的整齐和孵化后体质的强弱。湿度对转青卵的孵化和蚁蚕体质的强健有着直接影响，在合适的温度保护下，过干或过湿对蚕卵都有害。所以蚕种场内温度、湿度的合理调节均不容忽视。在民国时期，对干湿度的控制基本是靠经验，温度低时要加热，而温度高时要通风降温。大福蚕种场的每间育蚕室前后窗边各置煤炉一座，通过烧煤来提高温度，烟道贴墙直行再上升，用镀锌管伸出墙壁圆孔向外排烟，这样既保持了室内的温度，又保证了室内空气纯净。育蚕室内的各式门窗和各种通风设施，也能有效地调节干湿度。另外，育蚕室最下层为半地下室，地下室内有水井。地下室内不但可以堆放和清洗桑叶，还能避免强光照射，保持室内的温度、湿度相对稳定，有冬暖夏凉的效果。

（3）遮阳系统

蚕室建筑的南楼南侧有遮阳棚架，大约有一层楼高，搭接在主楼上。北侧的西段前有遮阳棚架（图7），脱离主楼结构，为洗桑叶的3个大水池遮阳。这两个遮阳棚都是主体建筑建成后添加的，它的结构支撑点为避开窗户位置而不均匀分布，结构柱落脚点在主入口台阶上，遮阳棚的瓦片顶与主楼的阳台结构又有冲突。

（4）环境架构

蚕室竖向分为4层，地下室最为凉爽，用以储藏蚕的食物——桑叶，相对稳定的空气温度也可以帮助整个建筑稳定温度，一层和二层是主要的育蚕空间，二层又比一层温度稍高，蚕座结合不同蚕龄所需的不同温湿度布置，阁楼温度高且空间低矮，用以存放生产设备。

14 江阴蚕种场——建筑实用性和艺术性的典范

图7 江阴蚕种场遮阳棚架

113

4. 蚕种场建筑的艺术性

江阴蚕种场每座场房建筑之间的空地，都将其设计为具有民国特色的微型园林，园林中有廊、柱、小树、花草和砖砌的小花窗等中国古典园林元素，两面坡式的屋顶、青砖、梁、轩、斗拱等古典建筑元素也随处可见，一些建筑之间的走廊从外观看就是一座有门窗的古典园林建筑，高大的场房和小巧的园林对比鲜明而和谐统一，体现出和谐之美（图8）。

图8 江阴蚕种场建筑园林景观

在这座蚕种场的建筑中不难发现，当时的蚕种场建筑已是向着去模式化和去装饰化的、形式简化的方向演变，它代表了传统农学向现代实验农学的转化，是一处以建筑满足环境需求为目的、延续时间长、保存非常完整的我国蚕业发展的专用建筑典范。

作者简介：

袁高慧，工程师，江阴市建筑新技术工程有限公司，江阴市暨阳路15号，邮箱：764775314@qq.com。

深圳市东方星园林绿化有限公司

核心价值观

严谨做事
诚信做人
以人为本
诚信服务

经营理念

基于行业和客户价值链
整合资源
稳健经营
追求卓越
持续发展

地址：深圳市宝安区新安街道留仙二路中粮商务公园3栋403A
网址：http://www.szdfxyl.com/
电话及传真：0755—83310052

杭州西湖山庄

环南湖交通三圈旅游建设项目

烟台滨海广场

杭州园林微信公众平台

◎ 集投资、建设、运营为一体，拥有规划设计、生态建设、农业开发、旅游发展等业务板块

◎ 为住房城乡建设部认定的工程总承包企业，国家高新技术企业，国家林业重点龙头企业

◎ 拥有城市园林绿化壹级、市政工程施工总承包壹级、风景园林工程设计甲级及城乡立体绿化壹级、环境污染治理工程总承包甲级、环境污染防治工程专项设计甲级等十余项资质

◎ 获评质量奖、鲁班奖、园林大金奖等诸多荣誉

杭州市园林绿化股份有限公司
Hangzhou Landscaping Incorporated

美丽中国生态建设系统服务供应商

徐州云龙湖珠山景区（中国优秀园林工程大金奖）

杭州市园林绿化股份有限公司

联系地址：浙江省杭州市凯旋路226号（邮编310020）
联系电话：0571-86095666
网　　址：http://www.hzyllh.com

培育新技术　再创新辉煌

江阴市建筑新技术工程有限公司
联系地址：江苏省江阴市暨阳路15号
联系电话：0510-86833917
网　　址：www.jyxjs.net

芜湖新达园林绿化集团有限公司

新花奇葩　达于精雅

主营业务：苗木花卉生产销售、园林绿化工程、市政、建筑装修装饰、水利水电、古建筑、城市道路照明、建筑工程、环保工程、钢结构工程、河湖整治工程、林业有害生物防治及施工劳务等。

公司资质：城市园林绿化壹级、市政公用施工总承包贰级、建筑装修装饰工程专业承包贰级、林业有害生物防治二级、建筑工程施工总承包叁级、水利水电工程施工总承包叁级、钢结构工程专业承包叁级、古建筑工程专业承包叁级、城市及道路照明工程专业承包叁级、河湖整治工程专业承包叁级、环保工程专业承包叁级、施工劳务施工企业。

联系人：晏继斌 13605593818
联系地址：安徽省芜湖市芜湖县六郎镇殷港大道

企业信誉：在安徽省园林行业中率先获得安全生产许可证，在行业中优先获得上海英格尔认证有限公司颁发的质量管理体系认证证书、环境管理体系认证证书、职业健康与安全管理体系认证证书，于2016年荣获高新技术企业、芜湖市2016年度建筑业十强企业、2017年荣获北京中美华盛国际信用评价事务所颁发的AAA级信用等级认证，先后获得省级守合同重信用企业、国家级守合同重信用企业、安徽省A级纳税信用单位、安徽省林业产业化龙头企业、安徽省农业产业化省级龙头企业、省级先进单位、省级诚信企业。

获奖工程："马鞍山市御景园中心水系景观绿化工程"获2015年安徽省"园林杯"，"铜陵市西湖北路路幅内绿化工程"获2016年安徽省"园林杯"，"繁昌县市民公园（二期）工程"获2016年全国优质园林工程金奖，"全椒达园景观绿化工程"获"鲁班杯·2017年中国建筑业优质工程奖"，"惠溪河环境整治工程"获2017年度城市绿化提升优秀工程、"机器人产业园纬四路及经一路延伸段道路排水及附属工程"获2017年度建设工程"鸠兹杯"奖（市优质工程）等。